Krisenerscheinungen kritisch kommentiert

Krisenerscheinungen Kritisch Kommentiert

– Ökonomie/Finanzen
– Bildung
– Erinnerungskultur u. A.

Heinz Gliemann

Bibliografische Information der Deutschen Nationalbibliothek
Die Deutsche Nationalbibliothek verzeichnet diese Publikation
in der Deutschen Nationalbibliografie; detaillierte bibliografische
Daten sind im Internet über http://dnb.d-nb.de abrufbar.

© 2010 Heinz Gliemann
Umschlagdesign, Satz, Herstellung und Verlag:
Books on Demand GmbH, Norderstedt
ISBN 978-3-8391-7533-0

Danksagung

Meiner Frau Rose-Marie danke ich für ihre Geduld und ihr Verständnis mit dem sie das Projekt begleitet hat. Für viel bereitwilliges Entgegenkommen bei der Aufnahme von im Vorgriff regional veröffentlichten Beiträgen bedanke ich mich besonders bei Gudrun Hanff. Ausserdem bedanke ich mich vielmals bei Jule Axmann von der Attac-Zentrale in Frankfurt/ Main für ihr Interesse an dem Manuskript und ihre Anregungen. Den Mitarbeiterinnen/ Mitarbeitern des Verlages BoD danke ich sehr für ihre exakte Arbeit bei der Realisierung des Projekts.

Heinz Gliemann

Inhalt

Vorwort

Das vorliegende Buch ist vom Grundanliegen her eine Weiterführung der Broschüre »Neoliberales Zeitgeschehen – kritische Kommentare zu ausgewählten Vorgängen und Entwicklungen« von 2008. – Die neuen Betrachtungen betreffen Vorgänge und Sachverhalte aus den Jahren 2008 und 2009. Das Thema lässt erkennen, dass Neoliberalismus als zeitbestimmende Grundtendenz nach wie vor einflussreich wirksam ist. Daneben wird angestrebt, dem Aspekt einer globalisierungskritischen Sicht der Dinge Geltung zu verschaffen. – Im normalen Mainstream der Medien wenig tiefgründige Darstellungen markanter Probleme sollen mit mehr Transparenz, Wahrheitsnähe und sozialem Verantwortungs-bewusstsein eine gerechtere Beurteilung erfahren. – Besondere Auf-merksamkeit gilt den für diesen Zeitraum (s. o.) aktuellen Gegenständen der Finanz- und Wirtschaftskrise, also dem ökonomischen Geschehen, der umstrittenen Bildungspolitik und einer Reihe spezieller Fragen aus der Entwicklung der Gesellschaft, ihrer Historie und der Politik – wir leben in einer Welt mit vielen Tabus, einer Welt von nicht erklärten Grausamkeiten, einer Welt von angeblichen Gesetzmäßigkeiten und weiteren Ungereimtheiten. Erfreuliches hat Seltenheitswert. – Kritisch erworbene Erkenntnisse sind nicht nur historisch von Interesse, sondern haben auch Bedeutung für viele heutige und künftige Lösungsansätze zu Veränderungen in der Gesellschaft. – Attac hat sich diesem Anliegen verschrieben. Näheres über die Ziele und Vorhaben von Attac finden sich im letzten Abschnitt des Buches.

Ökonomie – zur Systemcharakterisierung

Grenzen des Wachstums

Wachstum, Wachstum – die unüberhörbare »Heilsbotschaft« der neoliberalen schwarzgelben Regierenden bringt mehr Unheil mit sich, als ihre Protagonisten zur Kenntnis nehmen wollen. Denn dem Wachstum sind Grenzen gesetzt. Das Allgemeinwohl der Menschen, und zwar aller Menschen weltweit, sollte das entscheidende Kriterium für Maß bzw. Grenzen des Wachstums sein.

In den letzten Jahrzehnten war Wachstum in Deutschland und den übrigen Industriestaaten schon durch mehrere Erscheinungen mit Grenzüberschreitung verbunden. Das waren oder können wieder sein:
- die Überproduktion von Waren, die zu Überproduktionskrisen führt. Symptome: Noch nicht wertlose Autos werden massenhaft verschrottet (2008/09) oder Produkte der Landwirtschaft werden in Millionen Tonnen ins Meer gekippt (1929/30).
- die Schädigung des Klimas auf der Erde durch die negativen Auswirkungen der Unausgewogenheit des Rohstoffverbrauchs mit dem Produktionsumfang.
- die Beeinträchtigung der Entwicklung der Dritte-Welt-Länder infolge der Ungleichheiten in den Außenhandelsbilanzen zwischen den Industriestaaten und den übrigen Ländern, vor allem der ehemaligen Kolonien.

Dieser letztere Sachverhalt soll näher betrachtet werden: Im vergangenen Jahrzehnt oder länger war die BRD »Exportweltmeister« und viele Deutsche sind womöglich stolz auf diese »Auszeichnung«, allerdings ohne sich der tatsächlichen Ungerechtigkeit gegenüber dem Export-Ziel-Ländern bewusst zu sein. Wie sieht es aus? Die deutsche Außenhandelsbilanz von 2007 verzeichnete 769 Mrd. Euro Ausgaben für Importe und 965 Mrd. Euro Einkünfte aus Exporten. Das bedeutet einen Überschuss von 195 Mrd. Euro, d. h. etwa 20 % Gewinn zugunsten der BRD. Den 195 Mrd. Euro Gewinn stehen Aufwendungen für die Entwicklungshilfe von 8,96 Mrd. Euro gegenüber, eine verschwindende Größe im Vergleich. Auch in den Jahren davor sind Überschüsse zu vermelden, wenn auch nicht in dieser Größenordnung. Ähnliche Verhältnisse finden sich bei weiteren Industriestaaten.

Welche Folgen ergeben sich aus diesen Fakten? Gewinne auf der einen Seite bedeuten Verluste auf der anderen. Der Idealzustand, den schon David Ricardo (einer der Urväter der politischen Ökonomie) beschreibt, beruht auf der Theorie der komparativen Kosten, d. h. dem gegenseitigen Ausgleich der Im- und Exportleistungen zwischen Staaten auf gleicher Höhe nach Werten. Diese Version wurde von späteren Ökonomen dem Bereich der Utopien zugeordnet. Denn: Real gilt das Prinzip: Mehr Gewinn durch entsprechende Konkurrenz! Was wir also jetzt haben, ist eine Art globalisierter Sozialdarwinismus – das Recht des Stärkeren dominiert. Diese Charakterisierung ist insofern problematisch, als hier instinktives Verhalten von Tieren auf menschliche Verhältnisse übertragen wird, in diesem Falle aber situationsgerecht vertretbar, denn es handelt sich um Wohlstandsmehrung für die Exportierenden bzw. um Ausbeutung auf Kosten der ärmeren Länder. Damit einher geht eine Schädigung oder Beeinträchtigung der Entwicklungsmöglichkeiten in den Ländern, die früher schon vielfach durch eine 300-jährige Kolonialzeit auf einem vorindustriellen Stand gehalten wurden. Verschuldung und Überschuldung vorwiegend durch Kredite für Importe sind an der Tagesordnung und logische Folgeerscheinung. Die desolate Wirtschaftssituation in vielen Ländern vor allem der Dritten Welt zeigt sich derzeit auch darin, dass die Welthungerhilfe feststellen musste, dass weltweit über eine Milliarde Menschen an Unterernährung, sprich Hunger, leiden. – Diese Situation in ihrer ganzen Tragweite zu erkennen und auch anzuerkennen, musste dazu führen, dass die Weltgesellschaft veranlasst wird, die Beziehungen zwischen den Industrie- und Dritte-Welt-Staaten auf neuer Grundlage zu gestalten. – Bisher waren bzw. sind diese Erkenntnisse und Zusammenhänge weitgehend tabu. Das ist auch relativ leicht verständlich, denn letzten Endes bedeutet eine Veränderung dieser Entwicklungsbedingungen auf Seiten der Industriestaaten ihre Exportüberlegenheit abzubauen. Besonders der bisherige Exportweltmeister BRD ist davon betroffen. Aber vielleicht erübrigt sich eine eigene Initiative der BRD, da die Entwicklung der Konkurrenzverhältnisse in der EU und weltweit eine solche Verminderung der Exportleistungen sowieso bewirken kann. Handel »auf gleicher Augenhöhe« wird möglich. Ob die WTO mit ihrer Zusammensetzung geeignet ist, sich dieser Problematik anzunehmen? –

Zweites Thema: Klima und Umwelt

Der französische Sozialphilosoph André Gorz, ein Schüler von Jean Paul Sartre, beschreibt in seinem Buch »Auswege aus dem Kapitalismus – Beiträge zur politischen Ökologie« die Situation, die sich ergibt, wenn keine entschiedenen Maßnahmen gegen die Verschwendung von Ressourcen ergriffen werden. In seinem »Abschiedsbrief« (Gorz ist 2007 verstorben) schrieb er: »Es ist unmöglich, eine Klimakatastrophe zu verhindern, ohne radikal mit den Methoden und der ökonomischen Logik zu brechen, die seit 150 Jahren zu dieser Katastrophe führen.« Und an anderer Stelle: »Das Ende des Kapitalismus hat schon begonnen.« Auch der »Klima-Professor« vom »Institut für Klimaforschung« in Potsdam sagt: »Wachstum ohne Grenzen hat keine Zukunft.« Es geht darum, die gesellschaftlichen Verhältnisse so zu verändern, dass der Druck auf die Umwelt abnimmt. Mehr als 2 Grad Celsius darf die Erderwärmung nicht ansteigen, wenn eine Katastrophe vermieden werden soll. Zu fordern ist eine Fülle von Gegenaktivitäten. Zum Beispiel: Regionalisierung (Eigenversorgung, Transportreduzierung), neuartige Energiestrukturen (weg von Öl und Kohle), Veränderung der Verkehrsverhältnisse (LKWs von der Straße auf die Schiene) usw. Nachhaltigkeit ist zu gewährleisten. Es gilt, die Wirksamkeit der Gegenmaßnahmen deutlich zugunsten der Umwelt gegen die Wirtschaftsentwicklung zu erreichen. – Zu der an erster Stelle genannten Thematik – Überproduktion/Überproduktionskrisen – ist noch festzustehen, dass deren Erscheinungsbild – auch die derzeitige Finanz- und Wirtschaftskrise gehört zu dieser Krisenkategorie – zu den Eigenheiten der kapitalistischen Ökonomie gehören. Die zur gegenwärtigen Krise getroffenen Versuche zur Vermeidung einer Wiederholung sind Halbheiten, die keine Änderung am Grundcharakter des Wirtschaftssystems bewirken. –

Fazit: Ein weites Feld für die Arbeit von Gesellschaft und Politik ist akut. Umdenken in vieler Hinsicht ist notwendig; vor allem in der Richtung, die globalen Belange der Menschheit in viel stärkerem Maße zu berücksichtigen, Gerechtigkeit international auf allen Gebieten anzustreben. Koloniale Rückstände gibt es zu überwinden und den »Hass auf den Westen« (Jean Ziegler) durch solidarisches Verhalten in Taten zu zeigen. Keine Tabus mehr dulden! Kapitalismus erweist sich als gravierende Ursache für die charakterisierten Grenz-Sachverhalte. Ihre Botschaft: Der Kapitalismus ist am Ende. Und: Eine andere Welt ist notwendig und möglich.

»Menschliche Marktwirtschaft«

Die Kanzlerin und/oder ihre Helfer sind Meister im Erfinden neuer brillanter Formulierungen; gar Wortgebilde wie »Wertegemeinschaft« – »Bildungsgipfel« – »Bildungsrepublik« und nun »menschliche Marktwirtschaft«. Der neoliberale Zeitgeist stand Pate bei deren Schöpfung. »Menschliche Marktwirtschaft« entstand zum Zeitpunkt des Crashs der Finanzblase, vermutlich aus der Erkenntnis, dass die »soziale Marktwirtschaft« ihr totales Versagen offenbarte. Der Begriff »menschliche Marktwirtschaft« soll neue Hoffnungen nähren und kann Illusionen wecken. Aber mit seiner Widersprüchlichkeit in sich kann er ebenso gut Verwirrung stiften. Die wahren Probleme lassen sich damit verschleiern und den Widerstand gegen seine tatsächlichen Ungereimtheiten, Risiken und Grausamkeiten behindern. – Markt, Marktwirtschaft, soziale Marktwirtschaft sind im Kern gleichartige Sachverhalte, die die Pseudobezeichnung für Kapitalismus bis Turbo-kapitalismus ersetzen sollen. Sie dienen dazu, die damit verbundenen gesellschaftlichen Verhältnisse zu verharmlosen und als Normalität hinzustellen. – »Markt« gab es zu allen Zeiten, bei den alten Römern und bei Kaiser Barbarossa. Im nur ursprünglichen Sinne ging es um Plätze für Kauf und Verkauf von Produkten aller Art, d. h. aus der Produktion hervorgegangene Sachen (Obst, Gemüse, Vieh usw.). Heute ist Markt auch Finanzmarkt, ein Markt mit wenig Bindung an irgendwelche Produktion, Plätze wie Börsen und Steueroasen, wo spekulative Finanztitel hin- und hergeschoben werden, um Profit zu erzeugen. – Mit der Entwicklung des Kapitalismus und der Großproduktion wurde von Ökonomen dafür der Begriff Marktwirtschaft geprägt. Sprachlich dominant ist darin »Markt«; der wesentliche Teil der Wirtschaft, die Produktion, wird unterschlagen. Nicht ohne Grund: Produktion ist deshalb der bedeutsamere Teil, weil hier die Werte für den Markt geschaffen werden und vor allem auch der Mehrwert, die Quelle des Profits entsteht. Dieser grundlegende Sachverhalt des Kapitalismus bleibt bei der Wortwahl im Hintergrund. – Mit Menschlichkeit hat diese »Wirtschaftsordnung« wenig zu tun. Die Schwächen, Auswüchse, extreme Ungleichheiten, Krisenhaftigkeit u. a. verspüren fast alle auf dieser Erde Lebenden Tag für Tag. Da hat auch die besondere Form der sozialen Marktwirtschaft nicht viel daran geändert. Und da hilft es auch nichts, anstatt »soziale Marktwirtschaft« nun »menschliche Marktwirtschaft« zu sagen. Marktwirtschaft, diese oder jene, hat auch kaum Bezug zur herrschenden Demokratie in ihrem Umfeld. Ein neues Akkumulationsregime hat der so genannten Finanzwirtschaft eine überragende Position verschafft. Spekulation hat die eigentliche Marktwirtschaft immer mehr und mehr verdrängt und sorgt für Turbulenzen im Gesamtgefüge der Gesellschaft. –

Menschlichkeit, Menschenwürde, Chancengleichheit lassen sich mit den bisherigen Begrifflichkeiten für den Kapitalismus nicht vereinbaren. Dazu müsste diese Marktwirtschaft auf den Kopf gestellt werden. Oder wir lassen den verschlissenen Begriff Marktwirtschaft fallen und finden einen neuen dafür. Der müsste ausweisen: Freiheit, Gleichheit und Solidarität sind die Grundwerte dieser neuen Wirtschaftsverfassung. Konkret heißt das unter anderem: Ausbau der Wirtschaftsdemokratie, Vergesellschaftung der Institutionen der Daseinsfürsorge, nach Allgemeinwohlaspekten, Förderung von Genossenschaften und generell umfassendere Mitbestimmung der Lohnabhängigen an den wichtigen Problemen der Wirtschaft und mehr. Das sollte global die Zukunft sein.

Dezember '08

Die Quellen des Reichtums

Die Metapher (das Bild) von der Schere trifft das Wesen von Armut und Reichtum: zwei Schneiden, die durch einen Angelpunkt fest miteinander verbunden sind, d. h., Armut und Reichtum bedingen sich gegenseitig. Praktisch: Konkurrenzbedingt erfordert Betriebswirtschaft Kostenminimierung (z. B. Löhne). Je niedriger die Kosten, desto höher der Profit. Karl Marx charakterisiert Armut und Reichtum als »Pol und Gegenpol der kapitalistischen Produktion«. Je intensiver die Ausbeutung, umso krasser die Armut. Wenn also über Armut und Reichtum zu diskutieren ist, dann müssen beide Seiten im Zusammenhang untersucht werden. In der öffentlichen Diskussion findet Reichtum als Gegenstand kaum Platz, während Armut bis ins letzte Detail analysiert und reglementiert wird. Deshalb dürfte es nützlicher sein, sich einmal ein Bild von der Entstehung, den Quellen des Reichtums heute, zu verschaffen. Daraus wird der frappante Zuwachs an Vermögenswerten deutlich und es ergeben sich Anhaltspunkte, um im Interesse des sozialen Friedens den Tendenzen zur weiteren Öffnung der Schere entgegenzuwirken.

Für den »traditionellen« Kapitalismus, den Vorläufer des Neoliberalismus, gilt, dass »Reichtum in einem Wirtschafts- und Gesellschaftssystem, welches auf dem Privateigentum an Produktionsmitteln, der Konkurrenz sowie aus Mehrwertprodukten mittels Ausbeutung menschlicher Arbeitskraft basiert, Armut erzeugt und ohne ihn nicht erklärbar ist« (Christoph Butterweg, Michael Klundt). Mit anderen Worten: Aus dem gesellschaftlich organisierten Wertschöpfungsprozess wird vom Gewinn ein dem Ermessen des privaten Eigners entsprechender Anteil für diesen abgezweigt.

Der in jüngerer Zeit zu verzeichnende sprunghafte Anstieg des Reichtums erklärt sich aus einer mit der Globalisierung verbundenen, neuen Etappe des Kapitalismus, dem Neuliberalismus: Dieser weist entwicklungsbedingt Besonderheiten auf. Eine Hauptreichtumsquelle bildet der Finanzkapitalismus. Moderne Kommunikationsmittel und Über-

akkumulation (Geldanhäufung ohne Investmöglichkeiten) führen zu
Ausprägung der Finanzmärkte. Finanzakkumulation entsteht anstelle
von Realakkumulation. Die Globalisierung liefert das Feld für vielfältige
spekulative Finanzoperationen, auch bekannt als »Kasinokapitalismus«.
Ca. 90 % aller Gelder/Finanzmittel sind heutzutage davon erfasst. Sie
existieren ohne jegliche reale, materielle Grundlagen. Ein weites Feld der
Vermögensvermehrung im Stile von »leistungslosem Einkommen«. Der
Spekulation sind damit Tür und Tor geöffnet (vgl. auch Robert Kurz:
Das Weltkapital, S. 223). Soweit zu dem Schwerpunkt der neoliberalen
Reichtumsvermehrung.

Der Finanzmarkt wurde bereits als eine der Hauptgründe der Reichtumsvermehrung charakterisiert. Daneben sind weitere derartige
Möglichkeiten zu nennen. Da ist zuerst die Privatisierung gemein-
wirtschaftlicher (staatlicher, kommunaler) Unternehmen (Bahn, Post,
Krankenhäuser usw.) anzuführen. Diese unterliegen privatisiert dem
Prinzip »shareholder value«, d. h. der maximalen Gewinnabschöpfung
der privat angelegten Gelder in Form entsprechender Renditen. Dieses
Geschäft »blüht« in Deutschland noch sehr, obwohl anderenorts immer
mehr die Erkenntnis wächst, dass die offensichtlich negativen Folgen der
Privatisierung für die Gesellschaft nachteilig sind.

Ein spezieller Fall von Reichtumsquelle ist die Zinsabschöpfung, die an
die 43 Milliarden € Staatsschulden der BRD geknüpft ist, die nach der
sog. »ausgeglichenen Haushaltsrechnung« 2009 noch existieren. Diese
Zinsen werden aus Steuereinkünften des Staates von den Bürgern finanziert. Es handelt sich also um eine Umverteilung von Steueraufkommen
in Renditen leistungslosen Einkommens für die Reichen, die Anleger.

Weiter gehört hier her: Fusionitis, d. h. Zusammenschluss von Unternehmen mit der Tendenz, eine Monopolstellung zu erreichen, eröffnet
die Möglichkeit, mehr »Bewegungsfreiheit« in der Preisgestaltung zu
erlangen. Aktienbesitzer solcher Großunternehmen haben gute Chancen
zur Vermögensvermehrung.

Dem neoliberalen Zeitgeist zuzuordnen dürften auch solche Erscheinungen sein, wie die Überbewertung von Tätigkeiten und Leistungen auf

solchen Gebieten, wie Sport, »Unterhaltungsindustrie«, Managervergütung usw. Reichliche Einkünfte können durch Anlegen von Geldern in den bereits dargestellten Möglichkeiten einer ständigen »Aufstockung der Vermögen« dienen.

Neben den bisher skizzierten Formen der Reichtumsbildung neoliberalisierter Prägung existieren natürlich auch noch eine Reihe älterer Herkunft: Erbschaften bilden den Grundstein für Vermögen aus Leistungen früherer Generationen, die mühelos lukrativ vermehrt werden können, auch leistungslose Einkommen. Patente und Nutzungsrechte für Erfindungen sind dagegen Einnahmequellen, die an konkrete Leistungen gebunden sind. Derartige Quellen gibt es noch andere, wie z. B. Mieten, Pachten usw.

Soweit eine Übersicht über die »Reichtumsproduktion«. Im Einzelnen wäre noch zu untersuchen, inwieweit die verschiedenen Möglichkeiten mehr oder weniger spekulativen Charakter haben, inwieweit tatsächliche Leistungen die »Berechtigung« zur Aneignung abgeben, inwieweit unter Umständen bestimmte Handlungsweisen noch ethisch vertretbar sind oder womöglich schon der Kriminalität zuzuordnen sind.

Die immer weiter auseinanderklaffende Schere zwischen Arm und Reich wird in der Öffentlichkeit kritisch gesehen und wirft die Frage auf, wie dieser Entwicklung entgegengewirkt werden kann. Die Antworten sind weitgehend offen oder umstritten.

Die Politik zeigt wenig Neigung, sich der Problematik anzunehmen.

Reichtum – Wozu ?

Geldvermehrung ist heute aktuell. Das war nicht immer so. In der Frühzeit der Weltreligionen, auch im Christentum, war der Zins/Wucher eine verpönte bzw. verbotene Kategorie. Selbst noch im Mittelalter wurde diese Methode der Bereicherung angeprangert. Martin Luther schrieb: »Wer etwas leiht oder darüber oder besseres nimmt, der ist ein Wucherer und verdammt wie ein Dieb, Räuber und Mörder.« Er forderte: »Die Kirche soll den Namen Kirche ablegen, wenn sie wie alle anderen Zins nimmt« (Zitat aus: Ulrich Duchrow: Alternativen zur kapitalistischen Weltwirtschaft; S. 211/212). Mit dem Wandel der Religionen zu Institutionen der Macht wurden konkrete Forderungen ad acta gelegt, Geschichte!

Jetzt 500 Jahre weiter, geht es darum, wie der immense angehäufte Reichtum sinnvoll genutzt werden kann. Die ausschließlich individuelle Verfügung darüber ist keine Lösung, eine gerechte, gemeinwohlorientierte, gesellschaftliche Teilhabe erscheint sinnvoll. Nach welchen Prinzipien sollte das Gesellschafts- und Wirtschaftssystem verändert werden, damit es diesen Ansprüchen genügen kann?

- Spielräume in der Wirtschaftsdemokratie und bei den öffentlichen Haushalten von der Kommune bis zum Bund sind erforderlich. Transparenz, Kontrolle und Mitwirkungsrechte der Bürger/-innen in Unternehmen und staatlichen Institutionen wären auszubauen
- Stopp der Privatisierung dem Gemeinwohl dienender Einrichtungen
- Generell sollte die Steuerbelastung nach dem Leistungsfähigkeitsprinzip erfolgen, d. h. dass Bürgern mit überdurchschnittlichem Einkommen und Vermögen auch überdurchschnittliche Steuern veranlagt werden
- Veränderungen im Steuersystem speziell: Einführung der Tobinsteuer, einer internationalen Steuer, ein besonderes Anliegen

von Attac, bewirkt Dämpfung der internationalen und globalen Devisenspekulation zu leistungslosem Einkommen. Das war auch eine Forderung an den G-8-Gipfel in Japan
- Korrekturen im Verhältnis direkter und indirekter Steuern (z. B. Mehrwertsteuer), da diese Steuern die Einkommensschwächeren stärker belasten als die Einkommensstärkeren
- Erbschaftssteuer als Zugewinn ohne Leistung sollte mit exponentiellem Anstieg erhoben werden
- Erhöhung der Unternehmenssteuer
- Wiedereinführung der Vermögenssteuer
- Präzisierung des Kartellrechts im Sinne konsequenter Verhinderung von Fusionen usw.

All diese noch unvollständigen Ideen könnten bei Realisierung dazu führen, dass erhebliche Mittel für Zwecke des Gemeinwohls (Umwelt, Soziales, internationale Hilfeleistungen usw.) genutzt werden könnten. Die Aussichten, dass etwas geschieht, sind jedoch gering, da erkennbar seitens der Politik keine Neigung besteht, neoliberale Maximen aufzugeben. Die Lobby der Großunternehmen hat heutzutage enormen Einfluss auf die Politik und viele der aufgeführten Lösungswege und Mittel bleiben Theorie, sind umstritten und bedürfen noch großer Kraftanstrengungen der Zivilgesellschaft, um auf den betroffenen Gebieten Fortschritte und Wandel zu erzielen.

Angebot und Nachfrage

Der rasante Anstieg des Ölpreises bringt die Menschen in Bedrängnis und in Existenzsorgen. Die Nachfrage, hier das Bedürfnis nach dem Verstehen der Vorgänge, ist groß, das Angebot an Erklärung ist gering. Was wissen wir?

Der jetzige Ölpreis ergibt sich aus der normalen, üblichen Gewinnspanne, dem spekulativen Aufschlag infolge des Endzeitsyndroms des Auslaufens der Ressourcen und der gewachsenen Nachfrage infolge der boomenden Wirtschaftsentwicklung in einer Reihe von Ländern, in erster Linie China und Indien. Ein Kartell aus Ölbörsen, Ölproduzenten und Ölhändlern bestimmt den Weltpreis und stützt sich dabei zu Recht oder Unrecht auf die benannten Argumente. Genutzt wird vor allem der Funktionsmechanismus »knappes Gut – höherer Preis«, keine neue Erfindung. Im speziellen Fall handelt es sich um eine globalisierte Preisspekulation mit weltweit zu erzielenden, leistungslosen »Gewinnen«, also ein Preis-Monopolisierungs-Effekt. Die Folgewirkungen des Ölpreisbooms sind unübersehbar: Ankopplung des Gaspreises, Transportprobleme, partielle Preisweitergabe an andere Wirtschaftszweige usw.

Wie ist dieses Preiserhöhungsphänomen zu erklären? Mit der Entstehung des Handels in der Vorzeit wurde der »natürliche Preis« (Adam Smith: Reichtum der Nationen), der Preis der investierten Arbeit und Mittel, d. h. der Wert, überlagert durch den »Marktpreis«, der das Verhältnis von Angebot und Nachfrage berücksichtigt. Massive Nachfrage bietet Gelegenheit zu spekulativer Preisanhebung. Max Weber sieht den Grund für diese Entwicklung im »nackten Geldgewinnstreben« (Max Weber: Wirtschaft und Gesellschaft). Adam Smith bringt als Beispiel: »Eine allgemeine Landestrauer treibt den Preis der schwarzen Zeuge (...) in die Höhe und steigert die Gewinne der Kaufleute, die eine ansehnliche Quantität davon besitzen.« Es mangelt nicht an solchen Möglichkeiten und so wird die ständige Wiederholung dieser

Praktiken zur Gewohnheit und im Laufe der Zeit durch Ökonomen zu einer Kategorie im Range einer wissenschaftlichen Gesetzmäßigkeit »erhoben«. So finden sich in dem Werk von Stiglitz »Volkswirtschaftslehre« zwei Kapitel zu dieser Problematik im Umfang von rund 50 Seiten. Weder Stiglitz noch Adam Smith äußern sich über dieses Preiserhöhungsverfahren zur Frage der gesellschaftlichen Wertung. Soziale oder ethische Aspekte bleiben außen vor. Offensichtlich war es auch so, dass im Laufe der Geschichte von den Herrschenden kein Widerspruch zu dieser Handhabung je erfolgte.

Das Beispiel von Adam Smith ist ein Alltagsfall von typischer, aber relativ »harmloser« Auswirkung. Die Dimensionen solcher Situationen sind aber oft wesentlich größer und dementsprechend von entschieden stärkeren Auswirkungen. Naturkatastrophen, Überproduktionskrisen, Kriege, Dürren und andere außergewöhnliche Umstände bieten oft Ansatzpunkte, dieser »Gesetzmäßigkeit« zu folgen. Nebenerscheinungen der unerfreulichen Art spielen mit: Korruption, Hamsterei, Vorratswirtschaft usw. Ständige Begleiter dieser Geschehnisse sind die betroffenen Menschen, vor allem die weniger betuchten Zeitgenossen.

Im Laufe der Zeit haben sich die Anwendungsmöglichkeiten der Angebots-Nachfrage-Differenzen gewandelt. Es gibt eine Fülle von Regulierungsmaßnahmen zur Preisgestaltung. Staat, Wirtschaft und internationale Gremien (WTO, IWF, Weltbank) beeinflussen das Geschehen: Zölle, Importquoten, Privilegien von Kooperativen (Innungen, Wirtschaftsverbände, Börsen, Kartelle) beeinträchtigen oder fördern die Anwendung des Angebot-Nachfrage-Gesetzes. Die Vielfalt der möglichen Variationen zu beschreiben würde zu weit führen.

Einen speziellen Fall bilden die noch nicht erwähnten Subventionen. Staatliche Subventionen (finanzielle Unterstützungen), die aus den Steuern der Bürger gespeist werden, sind effektiv interne Preiserhöhungen zugunsten der Erzeuger. Im internationalen Handel können damit mittels Dumpingpreisen gegenüber Entwicklungsländern Nachfrageeffekte erreicht werden. Als aktuelles Beispiel sind die Agrarsubventionen zu nennen. Die Exporte solcher Agrarprodukte bewirken eine erhebliche Beeinträchtigung der Agrarwirtschaft der Entwicklungsländer bis zum Erliegen von Kulturen. Die Erzeuger dort sind der Konkurrenz der Dumpingpreise nicht gewachsen. Diese Problematik ist schon bald 10 Jahre Diskussionsgegenstand in der WTO (Welthandelsorganisation). Bisher vergeblich bemühen sich die Entwicklungsländer um die Abschaffung dieser Subventionen.

Zur gesellschaftspolitischen Bewertung der sog. Angebots-Nachfrage-Gesetzmäßigkeit wurde bereits erwähnt, dass sich die Ökonomen weitgehend einer Stellungnahme enthalten. Fakt ist, dass die spekulativen Preismanipulationen zur Erzielung eines Sonderprofits ohne jegliche Gegenleistung stattfinden und damit den Prinzipien sozialen Verhaltens nicht gerecht werden. Ob einem Händler, der eine Knappheitssituation nutzt, um den Preis zu erhöhen, jemals der Gedanke gekommen ist, dass seine Handlungsweise unfair oder unsozial sein könnte?

Regelungen zur Minderung der übermäßigen finanziellen Belastung der Bevölkerung seitens der Regierenden sind nicht festzustellen. Diese asoziale Praktik wird geduldet. In der Frage der Zinshöhe gab es demgegenüber zum Beispiel in England: im 18. Jahrhundert gesetzliche Festzinsnormen in der Größenordnung von rund 3 %.

Bleibt die Frage: Gibt es Mittel und Wege, um solche Praktiken einzuschränken oder abzuschaffen? Darüber nachzudenken ist notwendig, weil die Mehrzahl der Verbraucher die Geschädigten sind, nämliche alle die, die über ein geringes Einkommen verfügen. Was wäre zu tun? In Kriegs- und anderen Notzeiten gab es Lebensmittelkarten und Bezugscheine bei einem Festpreissystem. Das war aber auch problematisch und heute kaum machbar. In der Perspektive wäre wohl eine Art neue Planwirtschaft für den Bereich der Unternehmen in Gemeineigentum, die der Daseinsfürsorge dienen (Energie, Verkehr, Post, Gesundheitswesen usw.) denkbar. Damit ließe sich der Mechanismus Angebot-Nachfrage partiell ausschalten. Entsprechende Überlegungen haben die schottischen Wissenschaftler Nail Cockschrott und Arien Cattrell und andere aufgestellt. Eine kritische Aufarbeitung der Wirtschaftssysteme der früheren sozialistischen Länder und die umfassende Nutzung der Möglichkeiten der modernen Computertechnologie versprechen geeignete Lösungen.

September '08

Arbeitsmarkt

Arbeitsmarkt ist ein spezifischer an Kapitalismus gebundener Begriff. Er findet sich in Lexika dieser Zeit. !n denen der DDR, d. h. im so genannten Realsozialismus, sucht man ihn vergebens. Im »Weltbild-Taschenlexikon« ist Arbeitsmarkt so definiert: »Der ökonomische Ort, an dem das Angebot an und die Nachfrage nach Arbeitskräften zusammentreffen und zum Teil ausgeglichen werden.« – Diese Definition ist etwas wirklichkeitsfremd, da wir ja noch wissen, dass der Kapitalismus meist mit einem Überangebot an Arbeitskräften, der so genannten industriellen Reservearmee, rechnet, schon deshalb, damit die Löhne in Grenzen gehalten werden können. 3 Mio. Arbeitslose bei uns jetzt belegen diese Tatsache. – Der Begriff Arbeitsmarkt ist heute den Menschen geläufig. Sogar Wirtschaftswissenschaftler (vgl. Stiglitz: Volkswirtschaftslehre; S. 680) benutzen ihn bedenkenlos. Er scheint nicht kritikbedürftig und hat sich zu einem allgemein anerkannten Utensil der ökonomischen Sprache etabliert. – Wenn man aber einmal darüber nachdenkt, was sich hinter dem Begriff verbirgt, dann gelangt man zu einer anderen Sicht der Dinge! Markt ist überall da, wo gehandelt wird; Viehmarkt, Gemüsemarkt und z. B. auch Finanzmarkt mit Banken, Börse und Steueroasen. Arbeitsmarkt steht für Markt mit Menschen, denn Arbeit ist Sache der Menschen, Menschenhandel; Menschen müssen ihre Arbeitskraft vermarkten. Der relativ harmlos erscheinende Ausdruck Arbeitsmarkt entpuppt sich als eine menschenunwürdige Formulierung. Also im Grunde genommen keine ethische Aussage und deshalb für die Beschreibung des Sachverhalts untauglich. – Den Ausdruck Arbeitsmarkt gab es auch in der vorkapitalistischen Zeit nicht. Im Feudalismus gab es Herrscher mit Untertanen, die allesamt in einem mehr oder weniger strengen Abhängigkeitsverhältnis oder einer Dienstleistungsbindung standen (Hörige, Leibeigene und dergleichen). Noch früher gab es den Sklavenhandel oder Sklavenmarkt. In diesem Fall ist der Begriff ...markt angebracht, da diese Menschen damals nicht als solche behandelt wurden, eher so wie Pferde oder anderes Vieh. – Heute im Zeitalter des Neoliberalismus haben wir ein durchorganisiertes aufwendiges System von Arbeitsagenturen mit vielfältigen Möglichkeiten der Einstufung in Lohnkategorien, darunter mehrere, die der Profitmaximierung nicht hinderlich sind, wie Zeitlohn, Leiharbeit, 1-€-Jobs und andere Formen von Niedriglohn, alle unter einem noch nicht existierenden Mindestlohn und an oder unter der Armutsgrenze. Dieses System funktioniert nach dem Motto: Maximale Beanspruchung der Arbeitskraft und minimaler Lohnaufwand. Die Arbeitslosen sind auch nicht zu beneiden, zumal sie mit Hartz IV bestraft sind, indem ihnen nach einjähriger Arbeitslosigkeit ca. 345,00 € zugeteilt werden, obwohl sie mit einer unterschiedlichen Anzahl von Jahren Arbeitslosensteuer eingezahlt haben.

Fazit: Diese Sicht auf den Fakt Arbeitsmarkt lässt einen Blick zu auf die Tücken des Systems und ihre sprachliche Verklärung. Vielleicht sollte man anstelle Arbeitsmarkt einfach Arbeitsvermittlung sagen! Aber was hilft's?

Dezember '08

Aufstocker – schon gehört?

Aufstocker ist eine neue Wortschöpfung des neoliberalen Zeitgeistes. Aufstocker haben Konjunktur; sie folgen dem allgemeinen Trend. Was hat es auf sich mit diesen Aufstockern?

Zuerst taucht der Begriff auf in Verbindung mit Hartz IV.

Rund 7 Mio. Menschen in der Bundesrepublik hängen am Tropf von Hartz IV; 3,5 Mio. Arbeitslose und – 3,5 Mio. Niedriglohn- bzw. Kombilohnempfänger – Aufstocker – alle an der Armutsgrenze.

Niedriglohn ist günstig für die Wirtschaft. Er sorgt dafür, dass die Gewinne lukrativ ausfallen. Zudem ist die Wirtschaft Nutznießer der Aufstockerlösung, weil sie keine Bereitschaft aufkommen lässt, einer Mindestlohnregelung zuzustimmen. Das Interesse der Wirtschaft an Lohnerhöhungen ist gleich null. Die Aufstockerlösung kann sogar dazu führen, das noch mehr Niedriglohnverhältnisse installiert werden; denn der Staat trägt ja die Last. – Für den Aufstocker selbst ist die Lohnzuzahlung eine Hilfe, aber eine Notlösung, die ihn vorm Verhungern bewahrt. Ein menschenwürdiges Dasein ist damit für die Betroffenen nicht gewährleistet. – Finanziert wird das Ganze durch den Staat, indem den Steuerzahlern eine Pseudo-Solidarität verordnet wird. Die Bürger/-innen werden zur Kasse gebeten, sie helfen den Aufstockern und begünstigen automatisch die Wirtschaft.

Schließlich wird auf diese Weise die generelle Mindestlohnlösung, die dem unmittelbaren ökonomischen Verhältnis von Arbeitnehmern und Arbeitgebern entspräche, in Frage gestellt. Eine relativ »gerechte« Lösung – auch eine Notlösung – wird blockiert.

Generell sollte das Tarifrecht gelten; dessen Verhandlungsergebnisse nur über dem Mindestlohnniveau liegen sollten. Das nötige Mehr an Arbeitsplätzen könnte durch eine generelle Arbeitszeitverkürzung gewonnen werden. Dieser Zustand wäre unter den jetzigen gesellschaftlichen Verhältnissen vielleicht ein kleiner Schritt zur vielbeschworenen »Teilhabe« für viele.

Als »Begleiterscheinung« dieser Situation – Hartz IV und Umfeld – stellt die Kinderarmut ein besonders trauriges Kapitel dar. Wie dramatisch die Lage ist, wird deutlich an Zahlen, die die Bundesagentur für Arbeit veröffentlichte. Danach gab es im März 2007 von den 11,44 Mio. Kindern unter 15 Jahren 1,928 Mio. in Hartz-IV-Haushalten. Das entspricht einer Quote von 16,9 % in der gesamten Bundesrepublik. Differenziert betrachtet ergibt sich, dass die östlichen Bundesländer mit 31 % (!), die westlichen mit 14,3 % beteiligt sind.

Keine ermutigende Aussicht für die Zukunft, kein gutes Zeugnis für die Regierenden! Welche Versündigung an den künftigen Menschen unserer Gesellschaft!

Aufstocker ist, wie schon angedeutet, kein Einzelfall, personell schon nicht, da ja sehr viele dazu zählen, aber auch als Kategorie nicht, denn der Ausdruck bietet sich für andere Fälle auch an (z. B. deutsche Soldaten in Afghanistan, Preise für Lebensmittel u. a.).

September '07

Arbeitsteilung?

Gemeint sind der Staat und die Wirtschaft.

Der Staat, die Direktgewalt der Gesellschaft, und die Wirtschaft, der hierarchisch-patriarchalische Teil der Gesellschaft, existieren miteinander, nebeneinander und auch manchmal gegeneinander. – Seit den 70er Jahren des vergangenen Jahrhunderts sind es die Kräfte der Superklasse von Politik und Wirtschaft mit Ronald Reagan und Margaret Thatcher an der Spitze, die die Bedingungen für die Wirtschaft schaffen, die die Erzielung enorm hoher Profite gewährleisten. Anknüpfend an die ersten Erfahrungen in Chile und die theoretischen Arbeiten von Hajek und anderen wurde so der Staat in den USA und Großbritannien zum Ausführenden für die Wirtschaft und die Wohlbetuchten insgesamt. Konkret praktiziert wurde die Perfektionierung der neoliberalistischen Tendenzen durch kräftige Steuersenkungen und den Abbau der Kontrollmechanismen bzw. der entsprechenden Institutionen, alles unter der Bezeichnung Deregulierung. Freie Bahn für freie Wirtschaft! Und: weniger Staat! Diese reichtumsfördernden Vorgänge wurden dadurch ergänzt, dass der Staat dafür sorgte, wiederum zugunsten der Forderungen der Wirtschaft, ein System von Lohnkategorien des Niedriglohnsektors zu installieren. Ein Sozialsystem nach Hartz IV war und ist eine besonders sozial ungerechte Handlung dieser Zeit. – So konnten an den Börsen unangefochten die Gewinne in unfassbare Höhen klettern und den realen Boden der Wirtschaft unter sich lassen. Der Staat war erst mal nicht mehr gefragt. Alles lief nach ökonomischen Spielregeln. Die Finanzblase nahm derweil immer voluminösere Gestalt an. Die Ökonomen starrten darauf und freuten sich über die boomenden Produkte. Nur wenige erkannten die Gefahr, die in der radikalen Verselbstständigung der Finanzen entstand. – Bis der Crash kam und die große Verwunderung über dieses überraschende Geschehen. Und dann wurde auch die Realwirtschaft in Mitleidenschaft gezogen, weil der Kreditnachschub ausblieb. Damit war die freie Marktwirtschaft erst mal am Ende. Der Staat musste auf den Plan treten, um die Katastrophe zu begrenzen. Als Erstes ist die Autoindustrie als größter Industriezweig der BRD betroffen. – Mehrere Faktoren sind zu bedenken. Durch die Finanzkrise sind die Bereitschaft und die Möglichkeiten von Kreditvergaben durch die Banken beeinträchtigt. Es fehlt vielleicht auch das Vertrauen in die Autoindustrie, dass sie die nötigen Innovationen (Minderung des CO_2-Ausstoßes, Reduzierung des Kraftstoffverbrauchs) bewältigen kann, nachdem diesbezüglich schon lange Forderungen von der Gesellschaft erhoben wurden. Staatliche Stützung wiederum unterliegt der internationalen Handhabung des Problems. Stützung in einem Land verlangt Folgeaktionen in anderen (USA – BRD). Konkurrenz natürlich auch hier! – Wie dem auch sei, der Staat muss das wiedergutmachen, was er durch sein Verhalten selbst mit seinem »laissez faire« eingeführt hat. Die Theorie der »freien Wirtschaft« bleibt auf der Strecke! Und trotzdem lässt sich die Wirtschaft kaum in die Karten gucken. »Wirtschaftsexperten« beraten die staatlichen Verantwortlichen bei der Bemessung der Größe der erforderlichen Stütz-Milliarden. Nach der Bewältigung der Krise geht dasselbe Spiel wieder von vorne los. Der Staat handelt wieder nach den Vorgaben der Wirtschaft. Eine generelle Umkehr ist nicht in Sicht.

»Klebeeffekt« – Was ist das?

Die neoliberale Wirtschaft hat den Niedriglohnsektor aufblühen lassen. Mindestlohn, Leiharbeiter, sogar Mindest-Tariflohn sind in der Diskussion. »Klebeeffekt« ist wiederum eine neue Wortschöpfung in diesem Arsenal der Begriffe aus der Arbeitsökonomie, eine echte »Bereicherung«. Gemeint ist der Wechsel des Arbeitsverhältnisses eines Lohnabhängigen von einem Zeitarbeitsstatus auf Leiharbeitsbasis in die Vollbeschäftigung. Diesen Vorgang als Klebeeffekt zu bezeichnen, ist m. E. eine seltsame und nicht sonderlich ansprechende Formulierung für einen sozialökonomischen Schritt eines Menschen. Zunächst könnte man vermuten, es handele sich um einen einfachen technologischen Akt der Verbindung zweier Materialien. Wer erfindet nur solche Metaphern? Das Bild ist auch dürftig. Es spiegelt nicht wider, dass es sich um den Übergang von einer sehr prekären Situation in eine festere Bindung unter günstigeren Bedingungen, nämlich Tarifgebundenheit handelt. Das Bild verdeckt aber andererseits auch die Möglichkeit, dass ein Glücklicher, dem dieser Wechsel gelungen ist, damit rechnen muss, dass er nicht »kleben« bleiben kann. Unsicherheiten sind nicht auszuschließen. Das Bohren am Kündigungsschutz ist immer noch im Gange. Pleiten lauern an vielen Stellen. Also: Klebeeffekt ist unvollkommen und problematisch! Leiharbeit boomt in Deutschland. In der Zeit von 1994 bis 2006 ist die Zahl der Leiharbeiter von 140 000 auf 800 000 rasant angestiegen. Fast alles Arbeitsverhältnisse mit Löhnen und Arbeitsbedingungen ohne Tarifbindung (Urlaub, Kündigungsschutz usw.) und geringe Aussicht auf Funktionieren des »Klebeeffekts«. Nach Schätzungen sollen etwa 10 bis 20 % davon betroffen sein. Kein besonders überwältigender Erfolg! Der Lohn der Leiharbeiter beträgt etwa die Hälfte des Tariflohns der Vollbeschäftigten, er liegt also auch unter dem projektierten Mindestlohn von 7,5 bis 10 €. Mindestlohn ist auch so ein fadenscheiniger Begriff, weil er eigentlich kein Lohn ist, obwohl manche ihn dazu machen (wollen). Mindestlohn markiert die Armutsgrenze. Darunter ist

Existenzsicherheit nicht mehr gewährleistet. Existenzsicherheit wird bestimmt durch die Kosten, die sie erfordert: die Lebenshaltungskosten. Lebenshaltungskosten: Das ist das entscheidende Definitionsmerkmal, um Existenzsicherheit bzw. Armutsgrenze deutlich zum Ausdruck zu bringen. Dieser Aufwand für das Leben ist für alle Menschen gleich und hat mit der Zugehörigkeit zu einer Branche (Berufsgruppe, Industriezweig) nichts zu tun. Deshalb ist die derzeitige Diskussion um Mindestlöhne für Berufsgruppen auf dem Holzwege. Sie geht der Verantwortung des Staates für einen einheitlichen, gesetzlichen Mindestlohn aus dem Wege. Menschenwürdige Löhne sind Tariflöhne, die in der Regel deutlich über dem Mindestlohn liegen (sollen). Einen Tarif-Mindestlohn kann es nicht geben; dieser Begriff führt in die Irre; denn Tariflöhne sind ausgehandelte Löhne, die davon bestimmt werden, dass den Arbeitnehmern ein gerechter Anteil am Ergebnis des Wertschöpfungsprozesses des Unternehmens gewährt wird. Mindestlöhne sind oder sollten sein Armutsgrenzwerte. Beides, Tariflohn und Mindestlohn, lässt sich nicht vereinen. – Zum Schluss: Den Klebeeffekt sollten wir besser aus dem Sprachgebrauch als untauglich wieder verschwinden lassen!

Dezember 2007

Die ökonomische Schere

Es ist ein verdienstvolles Unternehmen, einen Arbeits- und Reichtums-bereich zu erklären und den Regierenden sowie der Öffentlichkeit zu-gänglich zu machen.

Als besonders bemerkenswert erweist sich das Phänomen der gesell-schaftlichen Entwicklung, dass die Schere zwischen Arm und Reich zu-nehmend auseinanderklafft. Da dieser Prozess in beachtlichem Ausmaße durch die Politik mitbestimmt wird, ergibt sich für die Politik die Frage, inwieweit das politische Geschehen die Öffnung der Schere gefördert bzw. verhindert hat. Eine gründliche Analyse wäre erforderlich. Von besonderer Bedeutung ist dabei die Tatsache, dass ein rasanter Anstieg des Reichtums allein in den letzten 14 Jahren zu verzeichnen ist. 1991 verfügten die privaten Haushalte in Deutschland über 2,25 Billionen € Geldvermögen. 2006 war dieser Wert mit 4,5 Billionen € auf das Dop-pelte angestiegen. Klaus Ernst konstatiert: »In der Regierungszeit (der SPD) hat sich die Zahl der Vermögensmillionäre verdoppelt und zugleich die Armut deutlich zugenommen.« Ursache dafür dürfte vor allem die neoliberale Wirtschaftspolitik, speziell deren finanzkapitalistischer Schwerpunkt sein. Bevor dem im Detail nachgegangen werden soll, ist von Interesse, welche Kommentare der Öffentlichkeit zum Bericht verlautbart wurden. Die Reaktionen bewegen sich viel in alten Gleisen. Pofalla: »Eine erfolgreiche Wachstums- und Beschäftigungspolitik ist das beste Mittel gegen Armut.« Empfehlungen zur Armutsbekämp-fung finden sich häufiger (Mindestlohn usw.) als Forderungen zur Reich-tumsbegrenzung bzw. solidarischer Teilhabe am allgemeinen Wohlstand. Andere Reaktionen sind in der Koalition umstritten (z. B. Steuersen-kungen). Wirtschaftsminister Gloss versuchte sein Unbehagen über die Zahlen mit Abwiegelung loszuwerden. So mit der Bemerkung, dass das Zahlenmaterial ja aus dem Jahre 2005 stamme, damit überholt sei und dass durch die vielen hinzugekommenen Arbeitsplätze sich vermutlich ein günstigeres Bild ergeben würde. Nicht dazu gesagt wurde aber, dass diese Arbeitsplätze vorwiegend dem Niedriglohnsektor zuzurechnen sind und kaum das Verhältnis Arm/Reich im Sinne einer Verminderung des Auseinanderklaffens zu werten sind. Ein anderes Argument wurde präsentiert: »Unsere« Armen, die in den Industrieländern, sind eigentlich im Vergleich zu denen in den Entwicklungsländern gar keine »richtigen« Armen. Hier wird das Elend anderer dazu benutzt, um die Armut bei uns zu beschönigen. Ein weiteres »Argument« findet sich in der landläufigen Meinung, dass es zu allen Zeiten Reiche und Arme gegeben habe, dass es sich dabei mehr oder weniger um eine naturgegebene, schicksalhafte Erscheinung handele, mit der wir einfach leben müssen. All diese Kommentare bewegen sich an der Oberfläche der Problematik und entbehren noch ungenügend neuer, tragender und konstruktiver Ansätze, um etwas Entscheidendes in der Richtung zu bewirken, dieser unsolidarischen Entwicklung hinsichtlich der proklamierten, erstrebenswerten Wohlstandsgesellschaft Einhalt zu gebieten.

August '08

Ökonomie – zur Krise

Attac Wismar zur Finanzkrise

Die Finanzkrise ist in aller Munde. Viel wird gerätselt über Ursachen und Auswege. Die Analyse der Probleme ist oft noch unvollkommen. Abweichen auf Nebengleise – Manager, Abfindungen, Gold – geht am Kernproblem vorbei. Das liegt u.E. in der Struktur, im System, der Finanzwirtschaft, weniger bei Personen. Da sollte Veränderung ansetzen. Die Tobinsteuer, das Gründungsmotiv von Attac, sollte einer Dämpfung der internationalen spekulativen Finanztransaktionen dienen. War das die Ahnung oder Voraussicht des kommenden Booms oder Crashs? In der vorliberalen Etappe des Kapitalismus waren charakteristisch: Dominanz der Volkswirtschaft, traditionelle Wirtschaftsweise, Gewinneinsatz für Rationalisierung, Rekonstruktion und Kapitalexport zu Auslandsinvestitionen. Insgesamt also alles Maßnahmen zur Stabilisierung und Erweiterung des Unternehmens. Mit Thatcher und Reagan gelangen wir in die neoliberale Phase des Kapitalismus. Finanzmarkt und Finanzindustrie blähen sich auf. Es gibt eine Überakkumulation infolge überschüssiger Gewinne. Ursachen dafür sind vielfältig, u. a. wachsende Produktivität infolge Rationalisierung, Lohndumping, korrespondierend mit der Schwäche der Gewerkschaften, Liberalismus und Deregulierung (Abbau von Kontrolle und staatlicher Aufsicht) mit Hilfe des Staates, massive Steuersenkungen für die Wirtschaft, Entstehung multinationaler Großkonzerne, geringere Investitionsmöglichkeiten infolge Sättigung in bestimmten Wirtschaftszweigen (Auto- u. Textilindustrie) und absolute Priorität von Profit als Unternehmensziel. Diese Sachverhalte bewirken das Entstehen der Finanzblase. Es erfolgt eine Ablösung der überakkumulierenden Mittel von der Realwirtschaft, eine Verselbstständigung von Finanztiteln (Zertifikaten, Derivaten, Hedge-Fonds und anderen »Hochrisikoprodukten«), also ein weltweites alle Formen des Geldkapitals übergreifendes Kredit- und Spekulationssystem, ein Handel mit Waren, aber mit hohen Zinssätzen. So war folgerichtig mit dieser Finanzblase die Vorstellung von einem nur virtuellen Reichtum entstanden.

Diese Größenordnung wird mit ca. 90 % der insgesamt umlaufenden Geldmittel angegeben. Heiner Geißler bezifferte kürzlich das Verhältnis von Finanzmitteln der Realwirtschaft zu denen der Finanzmarktprodukte mit 1 : 3. Diese Entwicklung musste früher oder später zu einem Crash führen. Auslöser dafür konnten sich auf mehrfache Weise ergeben. In unserem Falle waren es die Immobilienkredite in den USA. Die internationale Verflechtung des Finanzmarktes führt zu einem Dominoeffekt im Bankensystem und zu entsprechenden Insolvenzen, letzten Endes einer Pleite der neoliberalen Politökonomie. Bleibt die Frage: Was ist zu tun, um unter dem Aspekt einer Dauerlösung solche Katastrophen künftig zu vermeiden, welche Konsequenzen sind national und international erforderlich? Generell ist eine stärkere Hand des Staates Gebot, damit eine greifende Regulierung möglich wird. Dazu gehören:

- TÜV für den Finanzmarkt, d.h. Unterbindung/Verbot des internationalen Finanztransfers für alle nicht wirtschaftsgebundenen Zwecke (Ausnahmen: Handel, Investitionsnachweis, Entwicklungshilfe), also kein Finanzprodukt ohne Bindung an die Realwirtschaft, Steueroasen schließen, Abbau der Überakkumulation über Lohnerhöhungen und Gewinnbeteiligung der Arbeitnehmer, Eigenkapital aufstocken – oder konsequenter:
- Verstaatlichung der Großbanken zur Sicherung der Wahrnehmung des Allgemeinwohls
- Wirtschaftsdemokratie anpacken, d. h. u. a. Vertreter der Zivilgesellschaft in die Aufsichtsräte – und schließlich
- Kehrtwendung der Politik in ihrem Verhältnis zur Wirtschaft! Wirtschaft im Dienst der Gesellschaft!

Literaturempfehlungen: Robert Kurz: Das Weltkapital
Max Otte: Der Crash kommt

Oktober '08

Wachstum

Wachstum vorbei, Krise herrscht. Also was soll's?

Wachstum war beteiligt an der Entstehung der Krise. Jetzt ist Wachstum erst mal abgeschrieben. David Ricardo und Adam Smith, sogar Karl Marx, kannten den Begriff noch nicht. Erst nach 1920 wurde er in den ökonomischen Sprachgebrauch aufgenommen. Dann wurde Wachstum in der Realität deutlich bemerkbar: Elektrifizierung, fossile Brennstoffe intensivierten die Industrieentwicklung. Anstieg der Produktivität der Arbeit als Quelle von Mehrwert, Profit, macht Wachstum zum Initiator für den Fortschritt. Wachstum wurde zum zentralen Leitmotiv der wirtschaftlichen Entwicklung. Dem Wachstum zugeschrieben wurde eine »Zeit des Wirtschaftswunders«. Schließlich wurde Wachstum die Fähigkeit zugeschrieben, die Lösung aller Weltprobleme zu ermöglichen. Elmar Altvater schreibt: »die politische Klasse lechzt geradezu nach Wachstum«. So wurde letztlich Wachstum zum Fetisch des Neoliberalismus, hochbefrachtet mit Hoffnung auf Wohlstand für alle. Wachstum erweckt immer den Eindruck von positiver Entwicklung; es negiert und unterdrückt die negativen Erscheinungen. Viel Psychologie ist also im Spiel. Wachstum ein Mythos, der andere Mythen mit in Anspruch nimmt z. B.: »der Markt regelt sich von selbst« (wieder aktueller Streitpunkt).

Mit dieser Dominanzposition wurde Wachstum zu einem Ausdruck für multifunktionale Entstehungs- und Wirkungsweise für die wirtschaftliche Entwicklung; verdeckt erfasst wurden mit dem Wachstumsbegriff die Faktoren und Umstände, die funktionell mit Wachstum zusammenhängen, positive und negative Sachverhalte. Dazu gehören u. a. folgende Abhängigkeitsverhältnisse:

- Produktivität als Quelle von Mehrwert, Profit, Ausprägung des Klassencharakters der Gesellschaft.
- Akkumulationsprozess mit Überakkumulation und Entstehung der Finanzblase (Börsenspekulanten)

- Ressourcenausbeutung mit Umweltschädigung.
- Internationale Ungleichheit, Neukolonialismus, Nord-Süd-Konflikt
- Überproduktion und Exportweltmeister
- Arbeitslosigkeit, Lohnprobleme

Mit einigen Folgeerscheinungen haben wir es jetzt zu tun. So mit dem Bankencrash und der Autoindustrie, Branchen, die dem Wachstumsgebot im Übermaß entsprochen haben. Die Autoindustrie, die weltweit über eine um 30 % höhere Kapazität verfügt als der Nachfrage entspricht, ist Problem Nr. 1. Jetzt wird gerätselt, wie dem Absatzeinbruch abzuhelfen ist. Neues Geld soll eine Wiederbelebung bewirken. Vorbereitung einer neuen Runde unter gleichen Bedingungen? Neues Wachstum? Konzepte der Betroffenen sind gefragt. Die Politik wartet(e) darauf. Ob die Politik vielleicht auch eigene Ideen dazu beisteuern könnte? Oder fühlt sie sich nicht kompetent? Notwendiger Kapazitätsabbau verlangt Umstrukturierung und Umrüstung von Teilen der Autoindustrie auf andere Produkte. Kreativität ist gefragt. Mögliche Ansatzpunkte wären evtl.: Blockheizkraftwerke, alternative Energiegewinnung, Brunnen und Pumpen für Dörfer, Meerwasserentsalzungsanlagen und anderes mehr. Noch wenige Überlegungen gehen in diese Richtung.

Fazit: Die Überwindung der neuliberalen Auswüchse der kapitalistischen »Ordnung« ergibt sich als übergeordnete weitweite Aufgabe!

März '09

Spiegelfechtereien

Die Finanz- und Wirtschaftskrise, verursacht letzten Endes durch einen dem System innewohnenden Akkumulationstrieb (Profit) und die Konkurrenz als Zwang zur gegenseitigen Überbietung in Finanzleistungen aller Art, speziell spekulativer, hat Auswirkungen, die durch die betroffenen Banken allein nicht mehr bewältigt werden können: Verluste über Verluste. – Der Staat wird als Nothelfer auf den Plan gerufen. Milliarden werden vom Staat nach Order von »Finanzexperten« zur Sanierung der Lage bereitgestellt und dem Steuerzahler ins Schuldbuch geschrieben. Als Verstaatlichung oder Teilverstaatlichung wird diese Aktion bezeichnet. In Wirklichkeit bleibt alles beim Alten. Staat und Wirtschaft ziehen am gleichen Strang bei Dominanz der Wirtschaft. – 1931 wurden die Dresdner Bank und die Commerzbank schon einmal verstaatlicht; dann aber unter Hitler nach 1933 reprivatisiert. Damals wie heute stand die Frage zur Debatte: Ist eine Verstaatlichung sinnvoll als eine zeitweilige oder beständige Problemlösung oder sollte man davon Abstand nehmen? Obwohl die Teilverstaatlichungen 2008/09 unumgänglich waren, erhebt sich sofort auch der Widerspruch vor allem gegen Verstaatlichung als endgültige beständige Lösung. Es wird argumentiert: Der Staat ist nicht in der Lage, verfügt nicht über die Kompetenz, um solche finanzpolitischen Fragen zu lösen. – Und welche Kompetenz, welchen Sachverstand haben die Manager eingebracht, die doch Mithauptverursacher der Krise sind? – Als Beweis für die angeblich fehlende Kompetenz des Staates wird die Situation der Landesbanken herangezogen, die von der Krise, obwohl von staatlicher Konstitution, besonders stark betroffen sind. – Dieses Argument ist fadenscheinig, denn die Landesbanken sind Teil des Gesamtsystems der kapitalistischen Finanzwirtschaft und unterliegen dem Zwang zur Konkurrenz hinsichtlich der Erzielung hoher Renditen. Niemand steht außerhalb des Systems. Verstaatlichung als Minderheit unterliegt der neoliberalen Umgebung. Rafael Chirbes (spanischer Schriftsteller – 2008: Spanischer Nationalpreis der Kritik) sagt: »Kapitalismus ist wie Kokainsucht«! – Die Teilverstaatlichungen damals 1931 und heute verlaufen nach dem gleichen Schema. – Der Staat allein verfügt über die Möglichkeit, Geld auf Bürgersteuerbasis als Hilfeleistung zeitweilig zur Verfügung zu stellen. Damit hat der Mohr seine Schuldigkeit getan. Alles andere bleibt wie gehabt. Oder ist irgendwo eine Steueroase geschlossen worden? Ist jemand zur Rechenschaftslegung veranlasst worden? Sind verbindliche Regelungen zur Kontrolle der Finanzoperationen in der Diskussion? – Eine endgültige Vermeidung von Finanzkrisen könnte durch eine tatsächliche Verstaatlichung von Geldinstituten erreicht werden. Dabei geht es nicht um die Verfassung und den Namen, sondern um die Handlungsmaximen der Betreiber der Einrichtungen. Die privatwirtschaftlichen Grundsätze müssen fallengelassen bzw. überwunden werden und ein dem Allgemeinwohl verpflichtetes, spekulationsfreies Geschäftsgebaren sollte an dessen Stelle treten. In den Köpfen fängt der Wandel zur Verstaatlichung an. Gelten sollte: Banken im Dienste der Menschen.

Februar '09

Verfehlte Steuerpolitik

Die Unternehmungen zur Bekämpfung der Folgen der Finanz- und Wirtschaftskrise haben u. a. ihren Niederschlag in zwei Konjunkturpaketen gefunden, die die Wirtschaft wieder ankurbeln und die Nachfrage, d. h. den Konsum, anregen sollen. In dem 50-Mrd.-Konglomerat-Konjunktur-Paket ist auch ein Anteil für Steuersenkungen zugunsten der Bürger/-innen und der Unternehmen vorgesehen. Die Aufgabe, den Konsum zu beleben, gilt speziell für die Zuwendungen, die den Bürger/-innen zugutekommen. Es ist jedoch sehr zweifelhaft, ob diese Erwartung erfüllt wird, weil der betroffene Personenkreis über einen relativ auskömmlichen Verdienst verfügt und nicht direkt einer besonderen Unterstützung bedarf. Es wird also kaum ein wesentlicher Beitrag zur Behebung des Nachfragedefizits geleistet. Beeinträchtigt wird die Wirkung dieser Steuererleichterung auch schon dadurch, dass ja etwa nur 50 % der Bürger/-innen steuerpflichtig sind. Die übrigen 50 % der Bevölkerung (Niedriglohnbezieher, Rentner, Arbeitslose und andere Steuerbefreite) haben das Problem, mit ihren geringen Finanzmitteln notdürftig ihre Existenz zu bestreiten. Diese Mitglieder unserer Gesellschaft könnten eine kräftige finanzielle Hilfe in analoger Höhe zur Paketmittelhöhe sehr wohl gebrauchen. Eine Möglichkeit wäre z. B. die Einführung eines gesetzlichen Mindestlohns für alle Lohnabhängigen. Rentenerhöhung, Aufstockung von Hartz IV usw. können auch als vernünftiger Verwendungszweck gelten. – Die vorgesehene Steuerpolitik mit dem Konjunkturpaket ist also von sehr mäßiger Wirkung und verfehlt die ursprüngliche Zielstellung. – Eine ebenso falsche Steuerpolitik war schon viel früher, etwa Anfang des Jahrhunderts, zu verzeichnen, als nämlich die Großunternehmen (Konzerne) großzügiger Steuersenkungen für ihre Unternehmen bedacht wurden. Wachstum war die Erwartung, die die Politik daran knüpfte. Das Ergebnis der Operation war zunächst eine erhebliche Zunahme der Profite. Anzeichen von Überproduktion verhinderten den Einsatz der Profite für Neuinvestitionen.

Auch Lohnerhöhungen waren tabu. Vielmehr wurden diese Mittel den Banken zur Spekulation überlassen. Damit wurde die Finanzblase kräftig mitentwickelt. Neoliberale Wirtschaftspolitik in Reinkultur. – Dann kam der Crash und die Steuerpolitik offenbarte sich im Nachhinein ebenfalls als ein Missgriff erster Ordnung. Neben diesen beiden Steuerpolitik-Pleiteaffären wäre eine prinzipielle Betrachtung der Steuerpolitik angebracht. Es kann aber hier nur ansatzweise darauf aufmerksam gemacht werden, dass die Steuerpolitik neoliberal mehr zugunsten der Wohlhabenden und Reichen im Lande stattfindet. Das zeigt sich vor allem darin, dass die Politik großes Gewicht auf die indirekten Steuern (Mehrwertsteuer usw.) legt als auf die direkten Steuern (Einkommenssteuer). Dieses Missverhältnis bedeutet eine ständige Benachteiligung der weniger Betuchten. Vieles wäre also änderungsbedürftig.

Manager

Wer waren sie? Wer sind sie? Die bösen Manager (nicht alle) wurden der Öffentlichkeit nachhaltig als die mehr oder weniger Hauptschuldigen an der Finanzkrise, als die Aktivisten des Debakels, präsentiert. Sie dienten den Medien vorzüglich als Zielscheibe. Man kann auch sagen, Manager/ waren eine Art »Gelegenheitsarbeiter«. Sie nutzten die ihnen von anderen geebneten Wege für ihre Geschäfte mit dem großen Geld. Sie taten ihr Möglichstes, das Geld weiter zu vermehren und dabei auch selbst nicht zu kurz zu kommen. Wer waren die anderen, die »Schreibtischtäter«, die die theoretisch-ideologischen und praktischen Voraussetzungen und Bedingungen im Vorfeld der Krise geschaffen haben? Ökonomen und Politiker haben dafür gesorgt, dass die Manager so wirksam werden konnten. Ronald Reagan und Margaret Thatcher waren u. a. die Protagonisten des Neoliberalismus. Hayek, Friedman u. a. haben das »wissenschaftliche« Rüstzeug dafür geliefert. Regierungen der Industriestaaten haben durch Steuersenkungen für Großunternehmen und Deregulierung (Abbau von Kontrollinstanzen) den Managern den Weg bereitet. So ergab sich das neue System »neoliberale Marktwirtschaft«, das uns den chaotischen Finanzcrash bescherte. – Jetzt sollen den Managern die Möglichkeiten zur übermäßigen Bereicherung gestutzt werden. Boni, Supervergütungen und Abfindungen sind Diskussionsgegenstand. Aber diese Beträge, die durch solche Beschränkungen evtl. zusammenkommen, dürften kaum einen Beitrag zum Ausgleich zu der immensen Schadenssumme stellen, die die Krise mit sich brachte und bringt. Aber vielleicht geht es hier nicht um Aufrechnung, sondern um einen Versuch, mehr Leistungsgerechtigkeit zu erreichen? Die Manager selbst enthalten sich weitgehend einer Stellungnahme. Selbstkritik ist für sie wohl ein Fremdwort. Eingeständnis von »Fehlern« hat Seltenheitswert. Bei den Politikern sieht es diesbezüglich nicht anders aus. Die Politiker haben jetzt auch mehr den Wahlkampf im Kopf. – Das, was hier jetzt stattfindet, ist ein Ablenkungsmanöver von den eigentlichen Ursachen und Problemen der Krise. Faule Finanzprodukte,

»Giftpapiere«, als Schuldenfallen usw. wurden durch Banken/Manager und Steueroasen in den globalen Umlauf gebracht und führten zu einer außergewöhnlichen Aufblähung der Welt-Finanzen. Die dem zugrunde liegenden Quellen gilt es zu stopfen. Anstrengungen in dieser Richtung sind kaum zu bemerken. Steueroasen existieren nach wie vor. Von Kontrollen der Finanzoperationen ist die Rede. Aber was konkret soll kontrolliert werden? Die Attacke mit Samthandschuhen gegen die Manager ist eine Operation, die dazu dient, das Hauptproblem auf die lange Bank, ein Nebengleis, zu schieben. So ergibt sich mit hoher Wahrscheinlichkeit die Möglichkeit, den alten Trott neu aufleben zu lassen. Anzeichen deuten darauf hin. – Trotz alledem ist die Rechnung mit den Managern noch offen. Manche ihrer Operationen wurden von Kennern der Szene als Straftaten eingestuft (Untreue, Vernichtung von Geldern usw.). Rechenschaftslegung ist gefordert, von allen Beteiligten. Transparenz!

Entschuldigung oder?

Diametral entgegengesetzte Erwartungen an die Schuldigen der Finanzkrise lassen erkennen, dass es diesbezüglich ein Problem gibt. Auf der einen Seite haben wir den Bundespräsidenten Köhler, der die Banken auffordert, Entschädigung zu leisten für das Desaster, was sie angerichtet haben. Auf der anderen Seite haben wir den bekannten französischen Globalisierungskritiker Bové, der ein internationales Handelsgericht fordert, um die für die Finanzkrise Verantwortlichen zur Rechenschaft zu ziehen bzw. eine Strafverfolgung einzuleiten. Bové argumentiert für seinen Vorschlag u. a. damit, dass ja auch für ehemalige Kriegsverbrechen in Jugoslawien und anderswo ein Strafgericht geschaffen wurde. – Aber wer sind die Schuldigen? Und worin besteht ihre Schuld? – Sind es Thatcher und Reagan, die den Neoliberalismus mit seinem extremen Profitstreben zur Staatsräson erhoben und damit diese Richtung salonfähig gemacht haben? – Sind es die Regierenden in den Staaten, die diesem Trend folgten und die Tendenzen zur Entwicklung des globalen Finanzmarktes förderten, indem sie Liberalismus und Deregulierung propagierten und mit Abbau staatlicher und internationaler Finanzkontrollinstitutionen und Steuersenkungen für die Konzerne unterstützten? Ihr Credo lautet(e): Der Markt wird es schon richten. – Sind es die Banken/Banker, die diese ihnen vorgegebenen Leitlinien und Möglichkeiten nutzten, um mit Erfindungen für neue Finanzprodukte unwahrscheinlich hohe Profite zu erzielen und damit in unverantwortlicher Art und Weise eine hochriskante Finanzblase entstehen zu lassen? Oder ist das System – das neoliberale kapitalistische Weltsystem – selbst schuld, das sich von der »normalen« Mehrwert-Ausbeutung der arbeitsteiligen Gesellschaft zu dem Monstrum der heutigen Hoch-Profitproduktion entwickelte und so über Jahrhunderte auch bewirkte, dass amoralische Gewohnheiten im Finanzgebaren zu ökonomischen Gesetzmäßigkeiten mutierten? – In diesem Prozess wurden zugleich auch Verantwortungsgefühl und Schuldempfindungen immer mehr abgebaut, sodass heute nicht einmal mehr die Bereitschaft existiert, sich zu entschuldigen. Ebenso ist ein Eingeständnis von Fehlern und Transparenz wenig ausgeprägt. Gibt es Schuldige erster, zweiter und dritter Ordnung? Aber wer sollte sich nun entschuldigen oder sollte vor Gericht gestellt werden? Worin besteht die Schuld eigentlich? – Offensichtlich ist, dass mit untauglichen hochriskanten Finanztiteln ein Crash ausgelöst wurde, der viele Menschen ihrer Ersparnisse beraubte. Viele Menschen der Gesellschaft sind betroffen und alle sind jetzt gefordert, die verfahrene Situation auszubaden. Der Staat und damit die Steuerzahler sind gefragt; so werden Verluste sozialisiert. Und soll es so weitergehen? Ist das System noch zu retten? – Es gibt eine Alternative: Der Ruf nach Übernahme der Banken durch die öffentliche Hand ist nicht mehr zu überhören. Die Banken könnten dann als Institutionen der Daseinsfürsorge für die Menschen da sein. Das Allgemeinwohl genießt dann Priorität gegenüber dem Profitdenken! Und was passiert mit den Schuldigen, soweit sie als solche auszumachen sind?

November '08

Transparenz?

Das »Rettungspaket« liegt bereit. 500 Mrd. € für Bürgschaften und Direkthilfen werden den Banken angeboten, damit sie ihre faulen virtuellen Finanzprodukte als Verluste abbuchen und durch frisches Spielkapital ersetzen können. Für die vorgesehenen 500 Mrd. gibt es vermutlich Anhaltspunkte, die die Größenordnung der in der Finanzblase enthaltenen hochriskanten »Wertpapiere« widerspiegeln. Oder wie sonst sind die Finanzexperten des Finanzministers darauf gekommen? Für die Verteilung gibt es schon relativ klare Vorstellungen; aber noch sind die Reaktionen der Banken schwach. Transparenz ist offenbar ein Fremdwort für die Branche. Die Steuerzahler sollen für die Mittel der Finanzhilfe aufkommen. Dann dürfte ihnen auch das Recht auf Offenlegung der Situation der einzelnen Banken zustehen. Auch der Staat hätte das bei den Auflagen zur Zuteilung der Mittel fordern müssen. So stehen Fragen im Raum, die die Banken bisher nicht beantwortet haben. Wie hoch ist der Anteil dieser windigen Finanzprodukte am Gesamtumsatz der Bank? Um welche Finanztitel handelt es sich? (Derivate, Zertifikate, Hedge-Fonds usw.). Wie hoch ist das Eigenkapital? Usw. Solche Auskünfte sollten in einer vollkommeneren Weise zur Dauergewohnheit im Geschäftsleben avancieren. Das wäre Transparenz und ein Ansatz von Wirtschaftsdemokratie. Oder ist das zu viel verlangt? – In der Diskussion unter den Banken soll der Vorschlag sein, ein gemeinsames Paket zu übernehmen. Damit wird nicht zu erkennen sein, in welcher Höhe die einzelne Bank an diesem Gesamtdebakel beteiligt ist. Es könnte die »Seriosität« der Bank beschädigt werden. Also: Tabu Transparenz! In seinem Buch »Der Crash kommt« bietet Max Otte dem potenziellen Anleger den Rat an: »Suchen Sie sich sichere Banken und Länder!« Aber wie soll er das wohl machen bei der Geheimniskrämerei, die im Bankwesen gepflegt wird? – Zur Finanzierung des Hilfspaketes dürfte der Einsatz von Steuermitteln vorgesehen sein, zu viel, fast alle Bürger wären daran beteiligt. Die meisten sind aber unschuldig. Wesentlich gerechter wäre es, eine Variante aufzugreifen, die anstelle einer pauschalen Lösung eine kräftige Steuererhöhung (bei Vermögens- und Erbschaftssteuer) bei den Reichen (Milliardäre und Millionäre) zur Lösung des Problems vorsieht; denn diese waren es, die von dem Boom der letzten Jahre profitiert haben. – Im Zusammenhang mit der Rettungsaktion sind aber mehr andere Aspekte im Gespräch. Immer wieder sollen die Manager mit Vergütungsbegrenzungen, Bonusverzicht usw. zur individuellen Hilfe bei der Problemlösung herangezogen werden. Das sind aber Ablenkungsmanöver, denn die so gewonnenen Beträge dürften kaum einen gewichtigen Beitrag dazu liefern. Trotzdem sind diese Forderungen an die Manager natürlich berechtigt und im Kontext mit weiteren Erwägungen über Rechenschaftslegung und Haftpflichtverfügung zu sehen. – In diesem ganzen Geschehen zeigt sich »die vorherrschende Grenzziehung zwischen Wirtschaft und Gesellschaft als Eigenheit des Kapitalismus« (Beate Riggers in »Zukunft der Demokratie«; S. 51) ... »eine Alternative muss gerade diese Grenze überwinden und auflösen«. Ein Blick in die Zukunft.

November '08

... und die arbeitenden Menschen?

Rettungsaktionen für Banken und die Industrie – das ist das Thema!

Und weiche Rettungsaktionen gibt es für die Lohnabhängigen?

Außergewöhnliche Situationen verlangen außergewöhnliche Maßnahmen. So die Politiker.

Für die Rettung der Banken wurden schon mal 500 Mrd. bereitgestellt. Aber welche Mittel werden aufgewendet, um die Folgen der Krise für die arbeitenden oder arbeitslosen Menschen zu begrenzen? Gilt das, was für die Banken usw. gilt – außergewöhnliche Maßnahmen –, für die Menschen nicht? Wird eigentlich gesehen, wie diese schreckliche Existenzunsicherheit die Menschen ständig bedrückt und der Ungewissheit ausliefert? Die Lohnabhängigen und Arbeitslosen wären doch wohl eigentlich zuerst berechtigt, Hilfe zu beanspruchen; denn sie sind die Letzten, denen man eine Schuld an der Krisensituation anlasten kann.

Über die Probleme und Belastungen für die Lohnabhängigen wird in der Öffentlichkeit kaum gesprochen noch nachgedacht.

Die Superklasse (der Wohlhabenden) denkt:

Mit der Rettung der Banken und der Industrie sind auch die Arbeitskräfte gerettet.

Aber noch ist nichts gerettet; nur Entbehrungen werden den Lohnabhängigen verordnet (Kurzarbeit, Zwangsurlaub, Gehalts- bzw. Lohnminderungsforderungen, weitere Rationalisierung usw.). Die zwanghafte Einbindung der Arbeitenden in das System Kapital und Arbeit lässt auf den ersten Bück kaum gesonderte hilfreiche Leistungen für die Lohnabhängigen als möglich erscheinen.

TINA! (There is no alternative). So ist halt das neuliberale und kapitalistische System, nicht eben menschenfreundlich.

Bis auf die Verlängerung der Kurzarbeit von 6 auf 18 Monate sind kaum Maßnahmen zur Erleichterung der Lebensverhältnisse der arbeitenden Menschen erkennbar. Und das wenige, was positiv bewertet werden kann, wird noch als Entgegenkommen verkauft.

Was wäre aber wirklich machbar?

In Stichworten: Einführung des gesetzlichen Mindestlohns (auch als Konjunkturstimulans); Verkürzung der Arbeitszeiten generell bei gleich bleibendem Lohn; eine Grundsicherung für alle; weg mit Hartz IV; Vermögensabgaben der Reichen und Superreichen gesetzlich abfordern; Investitionen in deutlich stärkerem Maße in den Ausbau der erneuerbaren Energien verbunden mit Umschulung von Arbeitskräften; Investitionen in alle kommunalen und staatlichen Gebäude (Rathäuser, Schulen usw.) zur Energieversorgung mit erneuerbarer Energie. Das wäre ein Konjunkturpaket, das seinen Namen verdient!

Januar '09

Streitpunkte

Außergewöhnliche Vorgänge, Fehlleistungen, Katastrophen aller Art, Krisen und dergleichen führen dazu, über Ursachen und Auswege bzw. neue Problemlösungen nachzudenken. So ergibt sich aus dem derzeitigen Debakel der Finanz- und Wirtschaftskrise die Frage: Handelt es sich um ein Versagen des Systems oder um Fehlleistungen von Personen oder Personengruppen (Banker usw.). Wer letztere Auffassung vertritt, sieht Möglichkeiten zur »Reparatur« des Systems (mit Hilfe von umstrittenen Konjunkturpaketen) und damit eines Neuanfangs nach gleichem Muster. Das System als solches bleibt unbeschadet. Schon vergessen scheinen die Ideen zur Nichtzulassung bzw. Ächtung von hoch brisanten Finanzprodukten spekulativen Charakters, die maßgeblich Ursache der Krise waren. – Mehr spricht jedoch dafür, dass es sich um eine Systemkrise handelt, zumal es nicht die erste ihrer Art ist. Bekannt ist besonders die Weltwirtschaftskrise von 1929/30: Aber auch schon seit dem 18. Jahrhundert gab es ähnliche Krisenerscheinungen. Die Ursachen für die Krisen sind aber zuerst in den Eigenheiten des Systems selbst, den strukturellen Gegebenheiten zu sehen. Das sind vor allem die Konkurrenz als zwanghafte »angeborene« Triebfeder allen wirtschaftlichen Handelns, der sich keiner entziehen kann. Zweitens ist es die Akkumulation, d. h. die unaufhörliche Anhäufung von Finanzmitteln durch Ausbeutung, spekulative »Gewinne« usw. – Hier sind die Ansatzpunkte für gesellschaftliche Veränderungen, die weit über die konjunkturellen Reparaturleistungen hinausgehen. In dieser Hinsicht bietet die Krise aber auch eine Chance, einen grundsätzlichen Wandel einzuleiten. Karl Marx wird wieder befragt. Francis Fukuyama hat seine These vom »Ende der Geschichte« (entstanden aus dem Zerfall des sozialistischen Weltsystems) widerrufen und neue Entwicklungen eingeräumt. – Viele Gedanken sind in der Diskussion. Nur wenige besonders diskussionswürdige können benannt werden. – Die Problematik der Wirtschaftsdemokratie, d. h. der intensiveren Mitwirkung der

Lohnabhängigen an der Gestaltung der Wirtschafts- und Finanzpolitik. – Die Frage der Inanspruchnahme des neuen Reichtums für die sozialen Daseinsbedingungen der Menschen. – Die Durchsetzung des Allgemeinwohls in allen Einrichtungen der Daseinsfürsorge anstelle der Profitpriorität. – Gesetzliche Festlegungen zum Mindestlohn und zur Grundsicherung als einer sicheren Existenzgrundlage. – Generell Verkürzung der Arbeitszeiten und Entwicklung einer Lebenswirklichkeit als Kombination von Phasen des Arbeitens und der Qualifizierung (ein in Frankreich diskutiertes Vorhaben). Überwindung des Bildungsnotstandes; nicht nur im Sinne von Gebäude- und Fassadensanierung wie als »Bildungsrepublik Deutschland« gedacht, sondern vor allem mit der Zielstellung, kritische Köpfe heranzubilden, die die gesellschaftliche Entwicklung vorantreiben können. – Massive Investitionen auf den Gebieten der erneuerbaren Energien.

Februar '09

Ökonomie – zu speziellen Problemen

Rüstungsexport

Rüstungsexport – nicht gerade ein Hit der Information in den Medien. Auch kein Ruhmesblatt der deutschen Politik. – Worum geht es? Kürzlich wurde der jüngste Rüstungsexportbericht veröffentlicht. Darin wird besonders herausgestellt, dass die Kriegswaffenausfuhr im Jahr 2007 um 15 % reduziert wurde. Soll heißen: Die BRD will kundtun, damit im richtigen Trend zu liegen. Die Langzeitbetrachtung der Rüstungsexporte zeigt jedoch das Gegenteil. Der Wert der exportierten Rüstungsgüter des letzten Jahrfünfts von 2003 bis 2007 (6,58 Mrd. €) liegt fast doppelt so hoch wie die Summe des Jahrfünfts zuvor (1998 bis 2002; 3,5 Mrd. €). Das unabhängige schwedische Friedensforschungsinstitut SIPRI hat die BRD für 2007 auf Platz 3 in der Welt und auf Platz 1 in der EU eingestuft. Weitere Fakten: Der Export von Kleinwaffen in Drittländer (also außerhalb der NATO und EU) hat stetig zugenommen. Mit 30,2 Mio. Euro in 2007 hat er einen neuen Rekord erreicht. – Wie das Rote Kreuz ermittelte, sind 95 % der Getöteten in den derzeitigen Kriegen auf den Einsatz von Kleinwaffen zurückzuführen. – Offiziell wird regierungsseitig der Eindruck von einer Reduzierung der Rüstungsexporte erweckt. Die Fakten belegen allerdings das Gegenteil: – Rüstungsexport ist nach wie vor eine lukrative Profitquelle. Für die Folgen – die Toten – tragen andere die Verantwortung. – Was sollen alle Friedensbeschwörungen, wenn durch Rüstungsexporte immer wieder und immer mehr Anreize zum Waffeneinsatz bei allen möglichen Auseinandersetzungen geschaffen werden? Lassen sich alle Wege der Waffen vom Verkäufer, dem Käufer und schließlich dem tatsächlichen Nutzer kontrollieren, Korruption inklusive? Wie andere in der Gesellschaft dazu? Denkschriften der evangelischen Kirche Deutschlands beteuern das Eintreten für den Frieden, ohne sich allerdings zur Problematik Rüstungsexport zu äußern. »Schwerter zu Pflugscharen«, eine auch von Kirchenleuten einmal vertretene Position, ist offensichtlich nicht mehr aktuell. Natürlich würdigt die letzte Denkschrift das Bekenntnis zur Bedeutung des Glaubens in allen Lebensbereichen. Aber: Dieses Bekenntnis »darf nicht zu einer falschen Moralisierung täglicher wirtschaftlicher Ermessensentscheidungen führen«. Es kann schon vorkommen, dass »die grundlegenden ethischen Fragen zunächst hinter harten ökonomischen Fakten versteckt bleiben« [Zitat aus der Denkschrift der EKD]. So eine Ermessensentscheidung wäre z. B. zu einem Pro oder Kontra beim Rüstungsexport. – Noch ein anderer Aspekt dürfte für eine Ablehnung von Rüstungsexport sprechen: Gerade Deutschland, das im vergangenen Jahrhundert zwei Weltkriege mit unermesslichen Opfern inszenierte, sollte eher als andere als Protagonist für das Verbot von Rüstungsexporten auftreten. – Fazit: Rüstungsexport ist in jedem Falle mit ernsthaften Friedensbemühungen nicht in Übereinstimmung zu bringen. Rüstungsexport ignoriert alle humanistischen Bestrebungen auf dieser Erde. Notwendig ist endlich ein weltweites Verbot mit internationaler Autorität.

Januar '09

Das Machtwort

Basta!, sollte die Gesellschaft ausrufen und fordern, dass der schändliche, dauerhaft schwelende Zustand der ungleichen Entlohnung für Mann und Frau für gleichartige Arbeit beendet wird. Fakt ist, dass in Deutschland die Löhne der Frauen um ca. 23 % geringer ausfallen als die der Männer. In der EU sind es im Schnitt etwa 17 %! Solange es Kapitalismus gibt, so lange existiert das Problem – mehrere Jahrhunderte! Da ergibt sich die Frage: Wieso konnten (und) diese miserablen Lohnbedingungen so lange überleben? Was sind die Ursachen? – Diskriminierung, Unterdrückung der Frauen und/oder patriarchische Unterordnung der Frau kennzeichnet viele Gesellschaften in der Geschichte. Hobbes (engl. Philosoph – 1588 bis 1679) vertrat schon die Ansicht, dass im Zusammenleben der Menschen keine Gewalt gescheut würde, um »sein Weib, Kind und Vieh zu unterwerfen«. Später vertrat in diesem Sinne Nietzsche die These vom Über- oder Herrenmenschentum. – Kein Wunder, dass sich heute noch Rudimente dieser vergangenen Epochen erhalten haben. – Jetzt aber gibt es die Menschenrechts-Konvention 100 (1951): »Übereinkommen über die Gleichheit des Entgelts männlicher und weiblicher Arbeitskräfte für gleichwertige Arbeit«. Im Grundgesetz der BRD – GG Art. 3, (2) heißt es: »... Der Staat fördert die tatsächliche Durchsetzung der Gleichberechtigung von Frauen und Männern ...« und trotz alledem müssen die Frauen weiter um diese Realisierung kämpfen, wie gehabt März '09 mit dem bundesweiten Aktionstag »Equal Pay Day« (Tag für gleiche Bezahlung). Eigentlich war nun schon lange genug Zeit, den mehrfachen Aufforderungen nachzukommen. Hartleibigkeit und wenig Neigung zur Realisierung bei den Politikern herrschen in dieser Frage. 60 Jahre Bundesrepublik ohne Ergebnis. – Jetzt gibt es einen Vorschlag von Bundesminister Scholz, der vorsieht, dass die Frauen ihren gleichwertigen Lohn einklagen und dass dazu die Unternehmen die Daten bereitstellen sollen. Das ist wieder eine unverzeihliche

Halbheit, die den Frauen die Mühen und Lasten aufbürdet, individuell ihr Recht durchzufechten. Der Staat drückt sich damit von der im GG vorgegebenen Verpflichtung. Eine gesetzliche Regelung wäre das einfachste Verfahren, um eine Lösung herbeizuführen. Aber mit dem Scholz-Vorschlag wird das Problem auf die lange Bank geschoben, so wie beim Mindestlohn, dem auch eine gesetzliche Regelung verweigert wird. – Anders wird bei den Einkünften der Manager vorgegangen. Hier gibt es schon längere Zeit intensive Diskussionen in der Regierung, was der Staat zugestehen soll. – Fazit: Keine brauchbare und sinnvolle Lösung in Sicht. Bleibt die Idee eines Referendums, das die Bevölkerung auffordert, ihre Stimme abzugeben. Ein Votum mit Ja für das Recht der Frauen dürfte sicher sein. Aber nicht alle Politiker befürworten einen solchen Weg: Auch die Kanzlerin ist mehr für eine »repräsentative Demokratie«.

Nokia – ein Einzelfall?

Karawanenkapitalismus, Steinzeitkapitalismus, Raubtierkapitalismus[1], alles Wortschöpfungen, die als »bedauerliche Entgleisungen« des heutigen normalen neoliberalen Kapitalismus betrachtet und von Politikern benutzt werden, um die Ursachen von extraordinären Praktiken zu verwischen oder einzelnen »Extremisten« in die Schuhe zu schieben. – Die Politiker, die heute die »Unanständigkeit« des Vorgehens dieses Konzerns anprangern, sind die gleichen, die in dem ganzen Prozess der »Diskussion« um den EU-Verfassungsvertrag, den späteren EU-Vertrag, dafür eingetreten sind, dass der Wirtschaft alle Möglichkeiten eingeräumt werden, einen »freien Personen-, Dienstleistungs-, Waren- und Kapitalverkehr sowie die Niederlassungsfreiheit« (bzw. Standortwahl) innerhalb der Union wahrzunehmen. Wenn das jetzt praktiziert wird, muss man sich nicht wundern, wenn in der Öffentlichkeit die oben genannten Reaktionen von Politikern als Heuchelei qualifiziert werden. Es bleibt anzumerken, dass der EU-Vertragsentwurf an den Menschen/Völkern vorbei abgesegnet wurde. – Nokia ist kein Einzelfall. Der Vorgang entspricht dem Grundmodell des neoliberalen Kapitalismus: Etwa so: Ein Konzern erfreut sich einer beachtlichen Steuersenkung oder/und Subventionsförderung; sein sowieso erwirtschafteter Gewinn/Profit wird dadurch aufgebessert und führt zu einer Überakkumulation von Kapital. Es bieten sich an: Einsatz der Mittel zur Rationalisierung usw. im Inland oder eine Auslands-Direkt-Investition (ADI) (neues Projekt oder Aufkauf). Die Entscheidung fällt unter betriebswirtschaftlichen Aspekten. Nur diese sind maßgebend, keine nationalen, globalen, sozialen oder andere kommen in Betracht. Dahinter steht die Konkurrenz als entscheidende Triebkraft und Zwang zum Handeln. Das ist gewöhnlicher Kapitalismus, Neoliberalismus pur. Profit allein, wie bei Nokia in Bochum gehabt, genügt

---

1   vgl. H. Gliemann: Unter der Lupe: Neoliberales Zeitgeschehen; S. 49

nicht: »Superplusprofit« ist gefragt. [Auslands-Direkt-Investitionen (ADI) sind nichts Neues. Sie verzeichneten in den 1990er Jahren einen Anstieg auf das 3-fache des Exportes. 1993 waren es 153,2 Mrd. DM. Durch ADI wurde die Textilindustrie der BRD auf 15 – 20 % reduziert.[2] 70 % der Arbeitsplätze der westdeutschen Textilindustrie wurden abgebaut.] Was ist dagegen zu unternehmen? Die Politiker, die den EU-Vertrag gebilligt haben, sind ihrer zwielichtigen Stellung zur Sache nach ziemlich ratlos. Die Leidtragenden des Geschehens sind die Lohnabhängigen (hier 2.300 oder mehr). Für Gegenaktionen gibt es aber eine ganze Palette von Möglichkeiten unterschiedlichen Wirkungsgrades: Solidaritätskundgebungen, Handy-Boykott, Aktivitäten zur Entwicklung der Wirtschaftsdemokratie wie z. B. Kapitalbeteiligung des Staates an den Unternehmen, Investitionskontrollen im Rahmen der betrieblichen Mitbestimmung; keine Direkt-Subventionierung von Unternehmen und schließlich gibt es auch Erwägungen der Überführung von Unternehmen in öffentliches Eigentum. Aus globalisierungskritischer Sicht steht eine neue Weltwirtschaftsordnung auf der Tagesordnung mit beispielsweise solchen Elementen: Dumpinglohnverbot weltweit, Ausgleich der Handelsbilanzen, Tobinsteuer, fairer Handel, demokratische Kontrolle der Umwelt und des Ressourcenverbrauchs usw. Ein weiter Weg! Was nicht gegen die Willkür von Konzernen wirkt, sind moralische Appelle.

Februar '08

---

2   Altvater/Mahnkopff: Grenzen der Globalisierung; S. 257

Die behütete Autoindustrie

Die Ankündigung der EU-Administration für 2012 nur noch CO_2-Abgaswerte von 120 g pro PKW zuzulassen und bei Nichtbeachtung dieser Auflagen drastische Strafen zu verhängen, hat zu einer erheblichen Erregung der Gemüter geführt. Die Autoproduzenten und ihre Vertretungen sind geteilter Meinung. Die Forderung der EU zu erfüllen wird von manchen für möglich gehalten. So erklärt der anerkannte Autoexperte Dudenhöfer, dass die Realisierung machbar sei, da Lösungen für andere Motorenaggregate auf dem Papier bereits vorhanden sind. Protest kommt von den Verbänden, z. B. VDA (Verband der Automobilindustrie). Noch entschiedenere Ablehnung der Vorschläge kommt von der Politik. Gerade diejenigen, die vor internationalen Gremien (z. B. Bali) vehement für den Klimaschutz eintreten (z. B. Bundesministerin Wieczorek-Zeul: »Klimawandel: Sicherheitsrisiko Nr. 1«), scheinen sich im Inland mit den Vorstellungen der EU dazu nicht besonders anfreunden zu können. – Fakt ist, dass der Minderung des CO_2-Ausstoßes von derzeit 173 g in Deutschland (international 160 g) eine deutliche und konkrete, relativ bald wirksame Maßnahme, also eine sehr begrüßenswerte Bedeutung im Sinne des Kampfes gegen die Folgen des Klimawandels zukommt. Das ist eine Aktivität, die der Priorität dieses Anliegens gerecht wird. Alle Vorbehalte sollten deswegen zurückgestellt werden. – Reduzierung des CO_2-Ausstoßes bedeutet auch Spritersparnis. Den Mehrkosten für eine neue Motorengeneration steht eine Kostenersparnis beim Kraftstoffverbrauch gegenüber. Die Betätigung einiger Politiker als »Hilfs-Lobbyisten« der Autoindustrie erweist sich so als überflüssig und hinterlässt nur den peinlichen Eindruck, dass hier mit zweierlei Maß gemessen wird, einerseits Anspruchserklärungen zur Vorreiterrolle beim Klimaschutz und andererseits Bremsaktivitäten bei konkreten Schritten seitens der EU, wenn es Deutschland betrifft. – Vom EU-Trend abweichende Lösungen sind kein Einzelfall. Nehmen wir das Tempolimit. Obwohl alle Länder der

EU ein solches praktizieren, geht in Deutschland kein Weg dahin. Wie schizophren dieses Verhalten ist, zeigt sich daran, dass ja gerade die Realisierung der EU-Forderungen dazu beitragen würde, der deutschen Autoindustrie zu helfen, den Anschluss an den weltweiten Trend zu umweltfreundlicheren und kleineren Fahrzeugen zu finden.

Und der EU in dieser Frage entgegenzukommen würde Deutschland gut anstehen, da es sonst in den Verdacht kommt, wie bereits in mehreren Fällen gezeigt (Mindestlohn, Tempolimit), nach Ausnahme- bzw. Extra-Lösungen zu streben. Und: Auf Privat- und Staatskarossen vorerst zu verzichten ist für die Menschheit sicher besser, als jedweder Möglichkeit, dem Klimawandel entgegenzuwirken, nicht nachzukommen.

Januar '08

Netz abzugeben!

Kein Fischernetz, sondern das Stromnetz, an dem jeder Verbraucher hängt. Was geht ihn das an? Er sollte sich sehr wohl dafür interessieren, denn in den Strompreisen, die im Zeitraum von 2000 bis 2008 etwa um 50 % gestiegen sind, ist auch der nicht zu unterschätzende Anteil für die Netznutzung enthalten. – Worum geht es? Die EU-Kommission will das Stromnetz den Energiekonzernen abnehmen und verselbstständigen, damit die Monopolposition der E-Konzerne durch weitere Anbieter/Wettbewerber/Konkurrenten gebrochen wird. E.on hat sich schon vor einiger Zeit bereit erklärt, sein Stromnetz (von Schleswig-Holstein bis Oberbayern) zu verkaufen. Aber bis jetzt (Ostern '08): Keiner will es haben! Die Position von E.on ist aber kaum von Ergebenheit gegenüber der EU-Kommission und auch nicht freundlichen Gefühlen für eventuelle Konkurrenten geprägt, sondern wahrscheinlich mehr von der Erkenntnis, dass der derzeitige Zustand des Stromnetzes nicht mehr den heutigen Anforderungen genügt. Stromaufkommen durch erneuerbare Energie (besonders Windkraft) hat bereits Verluste zu beklagen, die durch die gebremste bzw. behinderte Abnahme durch das Netz entstehen. Die Rekonstruktion der Kraftwerkskapazitäten mit bis zu dreifacher Kapazität stellt neue Ansprüche an die Netze. Eine generelle Umgestaltung des Netzsystems steht auf der Tagesordnung. Das jetzige Netz ist also weder attraktiv noch lukrativ. – Wer soll also einspringen und die Misere beheben? – Attac hat die Initiative ergriffen und eine Stromkampagne gestartet. Es wird daran erinnert, dass es vor 20 Jahren dieses Oligopol von vier großen Stromkonzernen noch nicht gab. Die Stromversorgung war damals eine Angelegenheit der Daseinsfürsorge. Heute bietet sich die Möglichkeit einer Rekommunalisierung der Energiewirtschaft (Beispiele gibt es bereits). Ein erster Schritt dazu wäre im Rahmen der Attac-Stromkonzern-Kampagne die Übernahme der Stromnetze zum Nulltarif durch die Bundesregierung, d. h., die Verstaatlichung der Netze. Damit böte sich die Möglichkeit einer zeit- und bedarfsgerechten Rekonstruktion der Netze und eines gerechten, renditefreien Preisanteils für die Netznutzung gegenüber den Verbrauchern in der Zukunft. Auf diese Weise könnten die Politiker für sich in Anspruch nehmen, was Hamilton/Madison/Jay 1788 sich in den USA wünschten: »als Regenten Männer zu finden, die genügend Weisheit besitzen, um das gemeinsame Wohl für die Gesellschaft zu erkennen und genügend Tugend, um es zu verfolgen« (Hardt/Negri: Multitude. S. 271).

Mai '08

Der »angekoppelte« Gaspreis

Viele Verbraucher sind aufgebracht über den boomenden Ölpreis und die Ankündigung der Gaskonzerne, die Gaspreise um ca. 20 % zu erhöhen und sie damit an den Ölpreis »anzukoppeln«, d. h. auf etwa die gleiche Höhe wie den Ölpreis anzuheben. Viele Medien beschränken sich zur »Aufklärung« der Verbraucher auf die Feststellung, dass das Ankoppeln eine schon längere Zeit praktizierte Handlungsweise sei. – Was ist Sache? Die Situation bei den Energiequellen Öl und Gas stellt sich so dar: Die Ölvorkommen neigen sich dem Ende zu, neue Vorkommen sind nur sehr aufwendig zu erschließen (z. B. in der Arktis). – Der hohe Ölpreis ergibt sich aus folgenden Faktoren: Die Gestehungskosten, einem Anteil, der sich aus der gestiegenen Nachfrage (China usw.) bei konstanter Förderung ergibt und möglicherweise aus Zuschlägen für Investitionsaufwendungen und für das Endzeitsyndrom (sprich: spekulativer Aufschlag für die ständig abnehmenden Ressourcen). Bei den Gaskonzernen zeichnet sich ab, dass relativ konstante Gestehungskosten aufgrund der ebenso konstanten Förder-, Verarbeitungs- und Lieferbedingungen längerfristig gewährleistet sind und damit eine entsprechende Preisgestaltung auf gleich bleibender Höhe möglich ist. – Aus dieser Situationscharakteristik wird deutlich, dass sich zwischen Öl- und Gaspreisen eine erhebliche Differenz ergibt. Diese Differenz hätte zur Folge, dass die Verbraucher versuchen, anstelle Öl Gas zu nutzen, soweit das technisch kurzfristig machbar ist. Die Ölnachfrage sinkt, die Gasnachfrage steigt. Die Ölkonzerne erleiden Einbußen, die Gaskonzerne erwirtschaften höhere Gewinne. Noch höher aber sind die Gewinne für die Gaskonzerne, wenn sie ihre Preise an den Ölpreis »ankoppeln«, d. h. auf etwa gleiches Niveau anheben. Dadurch ergibt sich für die Gaskonzerne ein zusätzlicher spekulativer »Gewinn« ohne jegliche Leistung. Die Ölkonzerne erleiden dabei keine Einbuße. – Ob dieser Ankopplungsvorgang mit oder ohne Absprachen der beiden Konkurrenten stattfindet ist dabei unerheblich. Leidtragende bei der Aktion sind die Verbraucher. Was machen wohl

Niedriglohnempfänger mit kleinen Kindern im Winter, wenn sie auf eine Gasheizung angewiesen sind? – Diese Ankopplungsstrategie entspricht dem herrschenden neoliberalen Trend in der Wirtschaft nach Superprofit. Dafür wird sogar das Konkurrenzverhältnis aufgegeben. Die Politik steht dem Geschehen weitgehend ohnmächtig gegenüber und es zeigt sich, dass sie nicht in der Lage ist, den Bürger vor solchen unmoralischen Praktiken zu schützen. – Generell gilt, was auch Erich Fromm[3] konstatierte: »Mit der Entwicklung des Kapitalismus ... wurde der wichtigste Bereich ethischen Verhaltens von Menschen abgetrennt.« – Das praktische Junktim Öl-Gas-Preis demonstriert diese Aussage. Wirtschaft und Moral haben ihre eigenen Gesetze. – Aber soll das immer so bleiben? Wer weist die Konzerne in die Schranken?

Juli '08

---

3   Erich Fromm: Humanismus als reale Utopie; Schriften aus dem Nachtass 8: S. 190

Die Tafel

Die Tafel – eine Errungenschaft der sozialen Marktwirtschaft? Eher Armutszeugnis als Errungenschaft, Armutszeugnis in doppelter Hinsicht: Einmal für die Politik, die es nicht geschafft hat, diese im Grunde menschenunwürdige »Vertafelung« zu vermeiden. Wohlfahrtsstaat ade! Das Grundgesetz der BRD – GG Art. 1 besagt: »Die Würde des Menschen ist unantastbar.«. Wie lässt sich die Würde des Menschen mit dem Almosenempfangssystem der Tafeln in Einklang bringen? Sicher wird es für viele, die die Tafel in Anspruch nehmen, zuerst und fürderhin einer inneren Überwindung bedürfen, um sich dieser demütigenden Prozedur zu unterwerfen. Und wie viele sind davon betroffen. Über eine Million sozial benachteiligte Menschen der BRD müssen die Tafelhilfe in Anspruch nehmen. 2003 gab es bereits 320 Tafeln. In unserer näheren Umgebung sieht es so aus: In Wismar gibt es einen Kundenstamm von 200 – 300 Personen, in Demmin werden ca. 130 und in Grimmen und Umgebung etwa 500 Menschen versorgt. Der Armuts- und Reichtumsbericht der Bundesregierung von 2008 stellt fest, dass inzwischen 26 % der Bundesbürger als arm oder trotz staatlicher Leistungen als von Armut bedroht anzusehen sind. Diese Fakten sind die andere Seite der Medaille Armutszeugnis. – So wenig die Tafeln dem Gebot der sozialen Verpflichtung des Staates gerecht werden, so anerkennenswert sind die Leistungen der vielen ehrenamtlichen Helfer, die sich dieser Aufgabe widmen. Dazu gehören die, die die Lebensmittel spenden und bereitstellen, und auch alle, die den ganzen Prozess der Sammlung und Verteilung der Lebensmittel organisieren und komplett bewerkstelligen. All diesen gehört die Hochachtung der Gesellschaft. – Für den Staat ist das Ganze ein willkommenes Geschäft. Finanzmittel in Größenordnungen werden eingespart und stehen damit für andere Aktivitäten zur Verfügung; denkbar wäre z. B. eine Aufstockung der Mittel für die Streitkräfte auf den internationalen Kriegsschauplätzen. Ob manchem Politiker die Tafeln ein schlechtes Gewissen bereiten? – Attac hat sich der Problematik angenommen, das Thema in sein Programm aufgenommen. Das Sozialforum mit Attac hat zum Protest gegen die »Vertafelung der Gesellschaft« aufgerufen. Es unterstützt das Vorhaben des Landessozialgerichts Hessen in Darmstadt in der Forderung einer Korrektur der Hartz-IV-Regelsätze, die als zu niedrig und sozial unangemessen erklärt wurden. Dazu wird ein Urteil des Bundesverfassungsgerichts erwartet. Möge das helfen, diese makabre Geschichte zu beenden.

Mehrwertsteuer überall?

Die exorbitante Finanznot treibt die schwarz-gelben Regierenden zu den ausgefallensten Ideen. So wird unter der Fahne des Wettbewerbs geplant, künftig kommunale Betriebe der Müllentsorgung und der Abwasserbeseitigung auch der Mehrwertbesteuerung zu unterwerfen – wird dieses Vorhaben realisiert, ist eine Preiserhöhung für die Verbraucher nicht zu umgehen. Wo sonst soll das Geld für die Mehrwertsteuerbegleichung herkommen? – Das ist Negativum Nr. 1 des Projekts. – Das Vorhaben ist aber auch unter weiteren Gesichtspunkten nicht positiv zu bewerten. Worum geht es? Private Unternehmen entrichten Steuern. Hier die Mehrwertsteuer. Damit leisten sie einen Beitrag zur Befriedigung der gesellschaftlichen Bedürfnisse wie der Unterhalt von Schulen, der Infrastruktur, der Polizei usw.; also generell Erfordernisse, die dem Gemeinwohl dienen. Darum sind die Betriebe in kommunalem Eigentum ausgenommen, die a priori/naturgemäß schon dem Gemeinwohl verpflichtet sind. Daseinsfürsorge steht hier im Mittelpunkt der Aufgabe der Unternehmen. Deshalb ist es logisch, dass dafür nicht extra noch die Mehrwertsteuer erhoben werden kann, in doppelter Weise würden diese Unternehmen zur Befriedigung von Interessen der kommunalen Gemeinschaftsaufgaben herangezogen. – Damit im Zusammenhang steht folgender Sachverhalt: Die kommunalen Betriebe gehören zu einer Kategorie von Unternehmen, die eine Form der Wirtschaftsdemokratie repräsentieren. Die Möglichkeit der Verwendung von Mitteln aus den Gewinnen für andere kommunale Objekte (Infrastruktur, Schulen usw.) unterliegt einer demokratischen Verfahrensweise. Vertretungsgremien der Bürger (z. B. Bürgerschaft) können entscheiden, wie Anliegen der Kommune aus Teilen des Betriebsgewinns finanzierbar sind. Dabei handelt es sich in jedem Falle um Vorhaben des Gemeinwesens. Eine Beauflagung mit der Mehrwertsteuer würde diese Möglichkeiten sicher beträchtlich einschränken. Auch aus diesen Gründen ist das Projekt abzulehnen. – Privaten Unternehmen ist diese demokratische Vorgehensweise der kommunalen Betriebe fremd. – Mehrwertsteuererhebung von kommunalen Betrieben bedeutet schließlich einen weiteren Abbau von Wirtschaftsdemokratie und von Demokratie als solcher. Privatisierungen aller Art haben solche Folgen schon im reichlichen Maße gezeitigt. Vielleicht ist mit dem Projekt auch daran gedacht, einen ersten Schritt zur Privatisierung dieser Betriebe zu realisieren. –

Fazit: Das Projekt ist illusorisch und nicht akzeptabel. Die Erhaltung der Wirtschaftsdemokratie aber sollte eine erstrangige Aufgabe der Gesellschaft sein.

November '09

Die Treuhänderin

Wer »Die Treuhänderin«, Filmdokumentation in der ARD, gesehen hat, wird vermutlich bemerkt haben, dass die Gesamtdarstellung einer wahrhaftigen Beurteilung der Historie nur unvollkommen gerecht wurde. – Während der Schilderung der Entwicklung der Persönlichkeit von Birgit Breuel in all ihren Facetten (Elternhaus, Herkunft, Bildung, Einfluss der Umgebung und Karriere) breiter Raum gegeben wurde, blieb die eigentliche Tätigkeit als Treuhänderin ein unrealistisches Fragment, insgesamt war die Filmdokumentation mehr ein Loblied; zumal dazu auch noch Politkoryphäen wie Gerhard Schröder ihren Segen gaben. Stimmen aus dem Lager der direkt Betroffenen, Produktionsarbeiter oder Gewerkschafter, kamen nicht zu Wort. Es bedarf deshalb des Nachtrags, um das tatsächliche Geschehen in Erinnerung zu rufen. – Zur Vorgeschichte der praktischen Enteignung des DDR-Wirtschaftspotentials: Noch Ende August 1990 hat sich der damalige Chef der Treuhandanstalt dahingehend geäußert, »dass es noch in 10 Jahren Staatsbetriebe in großem Umfang« geben würde. Rohwedder versuchte nach der Devise »Zügig privatisieren – entschlossen sanieren – behutsam abwickeln« vorzugehen. Seine Nachfolgerin, B. Breuel, ließ sich jedoch von der Losung »Privatisieren ist immer noch die beste Sanierung« leiten. Sanierung wurde damit zum Tabu! – Diese »Philosophie«/Motivation ergab sich aus ihrer vom Zeitgeist geprägten Position. Verschiedene Einflüsse spielten dabei wahrscheinlich eine Rolle: Die neoliberale Denkweise, zeitlich aktuell vertreten durch deren Protagonisten Margaret Thatcher und R. Reagan; das bürgerlich-elitäre Familienmilieu und ihre Umgebung; das noch schwelende Gedankengut des Kalten Krieges (Feindbild DDR) und insgesamt der Dirigismus des Kapitals mit seiner dominanten Eigenheit, der Konkurrenz. Hier das Bestreben: Ausschaltung der Potentiale der DDR! – Dieser Aufgabe widmete sich Birgit Breuel als pflichtbewusste, energische Akteurin des westdeutschen Großkapitals. – Wie im Einzelnen die »Abwicklung« des DDR-Produktionsvermögens verlief, wird drastisch in dem Buch von Michael Jürgs »Die Treuhändler«, Untertitel »Wie Helden und Halunken die DDR verkauften«, dargestellt. In dem Buch von Siegfried Wenzel (s. o.) sind eine ganze Reihe extremer Beispiele von Verschleuderung des ehemaligen Volkseigentums zu Spottpreisen ausgewiesen. – Welche Ergebnisse sind signifikant nachgewiesen: 8.400 Unternehmen/Gesellschaften standen zur Debatte. 87 % des ehemaligen volkseigenen Produktionsvermögens wurden im Zuge der Privatisierung an westdeutsche Eigentümer verschachert, 5 % an Ostdeutsche und 7 % an Ausländer. 3 Millionen Arbeitsplätze wurden im Zeitraum von 1990 – 1995 vernichtet. (Angaben nach Siegfried Wenzel: »Was war die DDR wert?«) – Jetzt: Nachwirkungen der Tätigkeit der Treuhand mit Birgit Breuel sind heute noch zu verzeichnen. Allein die doppelt so hohen Arbeitslosenzahlen im Osten bezeugen diesen Tatbestand. – So war es!

Bildung

Gedanken zur Unterrichtskultur

Die Frage – 12 oder 13 Jahre bis zum Abitur – gibt den Anstoß zur Diskussion der Problematik der heutigen Unterrichtskultur. Diese und viele andere Fragen bewegen eine große Zahl von Menschen/Eltern und sie ist noch nicht endgültig beantwortet. Die Verkürzung der Schulzeit von 13 auf 12 Jahre soll den um 1 Jahr früheren Eintritt ins Erwerbsleben ermöglichen. Vorteile für günstigere Chancen im weltweit grassierenden Wettbewerb/Konkurrenz werden dann davon erwartet, interessiert daran ist die herrschende Ökonomie, die Wirtschaft. So wirkt der Dirigismus der neoliberalen finanzkräftigen Kreise und das Bildungswesen beugt sich dem System. Andererseits lässt sich die Verkürzung auch damit begründen, dass durch den permanenten explodierenden Wissenszuwachs die Bildungsaufgabe mit den bisherigen Methoden nicht zu bewältigen ist. Neue radikale Vorgehensweisen sind nötig, die, wie sich zeigen wird, zugleich eine Verkürzung der Schulzeit zulassen und rechtfertigen. – Die Diskussion zu der Verkürzung wurde besonders heftig, weil die Klagen über Stress und Überforderung der Betroffenen, Schülerinnen und Schüler, Eltern und Lehrkräfte überhandnahmen. Der Ausdruck »Turboschule« charakterisiert die Situation. – Welche Ideen gibt es zur Lösung dieser Problematik?

Erstens: Zurück zum 12-jährigen Bildungsweg für die, die bereits auf dem 12-jährigen sind? Diesen Gedanken zu verfolgen, dürfte kaum machbar sein.

Zweitens: »Stoff entrümpeln«, um Zeitgewinn zu erzielen. Manche meinen, die Lehrpläne enthalten zu viele »für das Leben« (welches?) unnötige Gegenstände.

Vertreter der GEW (Gewerkschaft Erziehung und Wissenschaft) denken so ähnlich und einige fordern darüber hinausgehend, den Kindern beizubringen, »wie sie am effizientesten lernen«. – Damit kommen wir dem Kernproblem schon näher. Es sollte aber noch wesentlich prinzipieller angegangen werden, denn unser Ausgangspunkt – 12 oder 13 Jahre bis zum

Abitur – erweist sich in Wirklichkeit als eine nur marginale Teilfrage in dem Prozess der gesellschaftlichen Veränderungen, die sich in den letzten 30 bis 50 Jahren vollzogen haben.

Auswirkungen davon ergeben sich zwangsläufig früher oder später auf den Bildungs- und Erziehungsprozess. Notwendige Konsequenzen betreffen alle Stufen des Bildungssystems und werden allmählich, wenn auch zögerlich, im Schulleben mit unterschiedlicher Intensität umgesetzt. Die Problematik berührt also weit über die Eingangsfrage hinaus das gesamte System der Bildungseinrichtungen und nicht nur die Gymnasien. Es ist ein generelles Problem, zu dessen Lösung versucht werden soll, einen Beitrag zu leisten. Welche hauptsächlichen Zeiterscheinungen sind es, die die gesellschaftliche Entwicklung bestimmen und den Bildungs- und Erziehungsprozess beeinflussen? Es lassen sich benennen:

- der Neoliberalismus
- die Globalisierung
- der immense Zuwachs an Wissen und Erkenntnissen und
- die moderne Kommunikationstechnik

Neoliberalismus steht für den Zeitgeist, der aus der Wirtschaft resultiert, die nach extremen Profiten strebt (Shareholdervalue), die Privatisierung betreibt und alle Bereiche der Gesellschaft den betriebswirtschaftlichen Spielregeln unterwirft, Bildung inklusive.[4] Das äußert sich darin, dass heute Bildung nur noch unter dem Aspekt ihrer wirtschaftlichen Verwertbarkeit gesehen wird, als »Humankapital«.

Neoliberales Gedankengut wird zunehmend durch von der Wirtschaft abhängige Organisationen wie die »Initiative neue soziale Marktwirtschaft« oder Stiftungen (Bertelsmann) in die Bildungseinrichtungen hineingetragen. Unter diesen Umständen sind Erziehungsziele problematisch. Der Widerspruch zwischen der neoliberalen Gesellschaftsrealität und einem humanistischen, toleranten und sozialen Menschenbild mit globalem Anspruch ist nicht zu übersehen.

---

4 Vgl. auch H. Gliemann. Unter der Lupe: Neoliberales Zeitgeschehen. S. 64 f.

– Globalisierung bedeutet intensive Vernetzung aller gesellschaftlichen Prozesse bei Dominanz finanzpolitischer Transaktionen. Globalisierung verlangt aber andererseits auch die Achtung der Menschenrechte überall und fordert Gleichberechtigung der Menschen aller Farben. Vermeidung der Gefährdung der Lebensumstände von Problemzonen und wirksame Solidarität sind gefragt. Eintreten für angemessene Beteiligung aller an der Lösung globaler Probleme (z. B. Klimawandel) stehen auf der Tagesordnung.
– Wissens- und Erkenntniszuwachs hat schon seit längerem Ausmaße angenommen, die lehrplanmäßig nicht mehr zu bewältigen sind. Entrümpelung ist auch »sehr« problematisch.
– Kommunikationstechnik (Internet usw.) eröffnet mithilfe räumlich und zeitlich unmittelbarer Informations- und Datenübertragung nie dagewesene Möglichkeiten weltweit wahrzunehmen.

Von diesen grundlegenden Zeitströmungen und ihren Bedingungen, Sachverhalten und Möglichkeiten ausgehend, gilt es zu sondieren, welche konkreten Anforderungen für die Bewältigung der Bildungs- und Erziehungsaufgaben tragfähig sind. Vorauszuschicken ist zu den folgenden Ausführungen, dass vieles bekannt, manches praktiziert und ein Teil auch noch umstritten ist. Gedacht ist aber vor allem daran, die Eltern und alle der Zivilgesellschaft Zugehörigen über die Probleme zu informieren, weil heute mehr denn je deren Mitwirkung an der Gestaltung des Bildungssystems gefragt ist. – Nicht alle Seiten der Bildungsproblematik sollen betrachtet werden, im Mittelpunkt der Erörterungen soll die Unterrichtsmethodik stehen. Fragen des Schulsystems (1-, 2-, 3-gliedrig), Bewertungsprozeduren, Begabtenförderung und Schulorganisation bleiben hier zunächst außen vor.

Zum eigentlichen Thema:

Lernen zu lernen ist eine Formel, die der Problematik nahe kommt, um die es geht, die aber noch zu vage ist, der Komplexität der Sache noch zu wenig gerecht wird und ungenügend praktikable Handlungsweisen anbietet. – Eine kurze Charakterisierung der heute noch weit verbreiteten Unterrichtsmethoden soll den Kontrast zu neueren Lösungen deutlich machen. Altbekannt ist der »Frontalunterricht«, der auf weiter Strecke darin besteht, dass »ein fertiges Produkt« vom Lehrer an die Lernenden weitervermittelt wird. Das ist Aneignung von Erkenntnissen und Ergebnissen der Wissenschaft, die aufbereitet, systematisiert, logisch aufgebaut und mehr oder wenig verständlich dargeboten wird. Gedächtnisbeanspruchung und -leistung haben Priorität. Drastisch ist dafür die von Waldrich[5] zitierte bekannte Formulierung: »Wenn alles pennt und einer spricht, dieses nennt man Unterricht«.

Außerdem sind dazu zu nennen: die Dominanz der Lehrerpersönlichkeit und die umstrittenen Bewertungsmethoden der schulischen Leistungen.

Neuartige Unterrichtsmethoden, die schon praktiziert oder angesteuert werden, stützen sich auf Ideen, die schon 1792 von Wilhelm Humboldt propagiert wurden.

Bildung heißt da: »... sich selbst zu bilden« in der Auseinandersetzung mit der Welt.

William Chomsky (der Vater von Noam Chomsky) als jüngerer Zeitgenosse (1977 †) beschrieb das Hauptziel seines Lebens so: »die Erziehung von Individuen, die ausgewogen, frei und unabhängig denken, sich um die Verbesserung der Welt sorgen und sich eifrig daran beteiligen, das Leben für alle sinnvoller und lebenswerter zu gestalten«[6].

In der Reformpädagogik finden sich weitere Anregungen, die für eine aktuelle Lösung dieser Fragen nützlich sind.

---

5   Hans-Peter Waldrich: Der Markt, der Mensch, die Schule. (849)
6   zitiert aus: Robert F. Barsky: Noam Chomsky. Libertärer Querdenker S. 29

Im Detail stellt sich das konkret so dar: Ein ausgewähltes Problem, von dem es in jedem Fach viele mehr oder weniger gleichartige gibt, wird stellvertretend für diese eine Aufgabe gestellt. Sagen wir: »Bahn-privatisierung«? (anstelle: Krankenhaus, Altersheim, Wasserversorgung usw.). Dann gibt es dazu ein »Arbeitsprogramm« (Lösungsweg) zu erarbeiten.

Diese Vorarbeit ist schon die erste Teilaufgabe für die Lernenden: Materialsammlung, Wahrnehmungen und Beobachtungen festhalten und erste systematische Ordnung der Fakten der Ausgangssituation. Fertigkeiten zur Quellennutzung aller Art und speziell die Anwendung der modernen Kommunikationsmittel werden dabei erlernt. Dieses Können ist Voraussetzung für zügige Informationsbeschaffung. Das ist notwendiger Bestandteil des Bildungsprozesses. – Sodann kann eine Reihe von Schritten festgelegt werden (immer von den Schülerinnen/ Schülern), wie die Aufgabe gedanklich zu bewältigen ist. Das können sein:

– Anlass, Ursprung, Motive des Problems
– Problemanalyse, volkswirtschaftlich, ökologisch, sozial, global ... also insgesamt komplex
– Finden von Lösungsvarianten (Optionen); technisch technologisch, energetisch, ökonomisch ...
– Gegenüberstellung der Varianten mit Vor- und Nachteilen und Auswahl der günstigsten Lösung nach sachbezogenen Kriterien (die auch ausfindig zu machen sind) – Diskussion
– Beschreibung/Darstellung der ausgewählten Lösung mit Kennziffern, Nachweisen usw.
– Realisierung nach Möglichkeiten und evtl. spätere Bewertung der Ergebnisse und Erarbeitung von Schlussfolgerungen für andere Projekte.

Alle diese Schritte können dazu dienen, das Denkvermögen zu schulen, sich Denkoperationen anzueignen, die für kreative Tätigkeit unabdingbar sind.

Begriffe, die hierher gehören, sind z. B. Fähigkeiten zur Analyse von Sachverhalten, zum Aufdecken kausaler Zusammenhänge, zur komplexen Betrachtung und Beurteilung eines Problems, dem Erkennen logischer Folgewirkungen, Vergleichskriterien zu finden und einzusetzen, zur Verallgemeinerung von Fakten, Definitionen herauszukristallisieren, das Erkennen des Wesentlichen eines Problems, Sachverhalte nicht als Behauptungen zu akzeptieren, sondern immer zu begründen (Ursachen, Abhängigkeiten) und andere.

Mit anderen Worten charakterisiert diese Gedankengänge Isabel Allende in ihrem Buch »Porträt in Sepia« (S. 231 – 232) wie folgt:

»Da meine Großmutter nun darauf verzichtet hatte, mich in die Schule zu schicken, und der Unterricht bei Senora Pineda zur Gewohnheit wurde, war ich sehr glücklich. Jedes Mal, wenn ich eine Frage stellte, zeigte mir diese großartige Lehrerin den Weg, die Antwort selbst zu finden. Sie lehrte mich, die Gedanken zu ordnen, zu forschen, zu lesen und zu lauschen, Alternativen zu suchen, alte Probleme mit neuen Lösungen zu klären, logisch zu diskutieren. Vor allem lehrte sie mich, nicht blind zu glauben, sondern zu zweifeln und zu fragen, auch das in Frage zu stellen, was unumstößliche Wahrheit zu sein schien, wie etwa die Überlegenheit des Mannes über die Frau oder einer Rasse oder Gesellschaftsklasse gegenüber einer anderen, neuartige Gedanken in einem patriarchalischem Land, wo die Indios nie auch nur erwähnt wurden und wo es genügte, eine Sprosse auf der Leiter der sozialen Klassen abzusteigen, und man war aus dem allgemeinen Gedächtnis getilgt.«

Anknüpfend an die Gedanken von Isabel Allende soll eine diesbezüglich relevante Ansicht von anderer Seite noch hinzugefügt werden. Howard Zinn, renommierter US-Historiker, äußert sich in seinem Buch »Eine Geschichte des amerikanischen Volkes« wie folgt: »Das Heldentum von Kolumbus und seinen Nachfolgern als Seefahrer und Entdecker zu betonen und den Genozid herunterzuspielen, ist keine handwerkliche Notwendigkeit, sondern eine ideologische Entscheidung. Sie trägt ungewollt zur Rechtfertigung des Geschehens bei.« Und in diesem Sinne an anderer Stelle: »Und in einer solchen Welt der Konflikte, einer Welt von Opfern und Henkern, ist es, wie Albert Camus gesagt hat, die Aufgabe des denkenden Menschen, nicht auf der Seite der Henker zu stehen.« Fazit: Partei ergreifen ist gefordert! Howard Zinn zeigt es an Beispielen aus der Geschichte, für wen oder was er sich entscheiden würde: »... die Geschichte der Entdeckung Amerikas aus der Perspektive der Awarak (ein Indianerstamm) zu erzählen, die der Verfassung vom Standpunkt der Sklaven aus, vom Aufstieg der Industrialisierung aus der Sicht der Frauen in den Textilwerken, vom spanisch-amerikanischen Krieg aus der Sicht der Kubaner, vom ersten Weltkrieg aus der Sicht der Sozialisten ...« usw., usw. (S. 17).

Besondere Bedeutung ist der Entwicklung der Kritikfähigkeit und einer gesellschaftlich verantwortungsvollen Bewertung der Ergebnisse beizumessen. Solche Gesichtspunkte spielen dabei eine Rolle: Gemeinwohl, oder Privatinteresse, Lokal- oder Globalbetroffenheit, soziale Sicherheit oder Armut, Nachhaltigkeit (Schonung oder Belastung künftiger Generationen), soziale Gerechtigkeit oder weitere Differenzierung in Arm und Reich. Diese Aspekte sind den Arbeitsprozess/Lernprozess begleitend zu berücksichtigen und zur Bewertung heranzuziehen. Die Lernenden erfahren so Erkenntnisse, die ihnen helfen, sich in den sie umgebenden gesellschaftlichen Verhältnissen zu orientieren und zurechtzufinden. Und das heißt, auch mit selbstständigem Denken zu eigener Position in gesellschaftlich aktuellen Fragen zu gelangen. Da entscheidet sich, was im weiteren Leben dominant sein wird, die Einsatzeignung als Humankapital oder die Hinwendung zur kritischen Auseinandersetzung mit den Defiziten des gesellschaftlichen Systems. Waldrich schreibt: »Bildung muss sein, sonst fehlen qualifizierte Arbeitskräfte – Bildung ist gefährlich, denn sie enthält ein Aufklärungspotential. Diese grundsätzliche Ambivalenz wiederholt sich in den gegenwärtigen Schulreformen.« (S. 13) An anderer Stelle drückt er sich so aus: »Es ist eben schwer möglich, kompetente Kernphysiker oder Software-Entwickler herauszubilden und sie vollständig am eigenständigen Nachdenken zu hindern.« (S. 67) Gelingt es, auf dem beschriebenen Wege die aus globalisierungskritischer Sicht positiven Aspekte überwiegend im Denken und Empfinden der jungen Menschen zu vermitteln, so ergibt sich daraus die Chance, neue Kräfte für die Realisierung der Bestrebungen nach einer anderen Welt zu gewinnen.

Die vorgelegte Konzeption befördert die geistige Entwicklung der Lernenden auch so, dass sie in einem Urteilsvermögen kulminiert, die als Folgewirkung befreiend auf Vorgaben, Manipulationen, Populismus, Tabus und sonstige in der Gesellschaft umlaufende »Orientierungen« (politisch, kulturell, philosophisch …) wirksam werden kann. Erkennen von Halbwahrheiten, Irreführungen und unsachlichen Behauptungen gehören auch hierher. Die Aneignung humaner Wertvorstellungen mit Hilfe dieser Konzeption kann auch zur Immunität bzw. Abwehr gegenüber menschenrechtsverletzenden Aktivitäten beitragen. Diese zwiespältige Problematik lässt sich auch vom Bildungsbegriff ausgehend betrachten. Bildung umfasst nach weitgehend allgemeinem Verständnis Wissensaneignung, Wertevermittlung, Ausprägung der Denk- und Urteilsfähigkeit und Beherrschung der Sprache. In der praktischen Realisierung dieser Felder sind unterschiedliche Proportionen möglich. Steht die Wissensaneignung im Vordergrund, was wohl heute noch am häufigsten der Fall ist, dann ist zu erwarten, dass die Wertevermittlung darunter leidet. Manchem mag diese Version genehm sein, weil sie ihn der Auseinandersetzung über Wertungen enthebt. Wird Bildung aber mehr im Sinne von Persönlichkeitsbildung gesehen, die darauf gerichtet ist, »den tugendhaften Menschen« (wie oben charakterisiert) als »Produkt« des Bildungsprozesses zu begreifen, dann ist die Chance für eine positive Werteaneignung gegeben. – Diese Diskrepanz in der Umsetzung des Bildungsbegriffes kann gerade unter den heutigen gesellschaftlichen Gegebenheiten der Gesellschaftsordnung mit vielfach umstrittenen Wertvorstellungen bei den Lehrenden nicht konfliktlos sein. Bleibt zu wünschen, dass Lehrkräfte mehr positiv der letzteren Ansicht zugeneigt sind.

In Lateinamerika gibt es diesbezüglich positive Ansätze. In seinem Buch »Utopische Realpolitik« zitiert Helge Buttkereit einen Passus aus der bolivarischen Verfassung Venezuelas, der besagt, dass die Bildung das Ziel hat, »das schöpferische Potential jedes Menschen zu entwickeln und die volle Entfaltung der Persönlichkeit in einer demokratischen Gesellschaft zu gewährleisten.« (Artikel 102). Diese Orientierung wertet Buttkereit als Elemente des Sozialismus des 21. Jahrhunderts.

Um die Erörterung über den Grundgedanken der Priorität der Schulung des Denkvermögens und der Urteilskraft abzuschließen sei bemerkt, dass Priorität nicht Ausschließlichkeit bedeutet. Das heißt, dass natürlich neben diesem didaktischen Vorgehen andere Formen der Unterrichtsgestaltung weiterhin ihre Berechtigung haben. Die einzelnen Fachgebiete sind von ihrer inneren Struktur und Zielstellung in unterschiedlichem Maße für die Methode geeignet, Sprachen wahrscheinlich weniger als Sozialkunde. Außerdem ist die Anwendung der Methode durch die Lernenden mit einem vermehrten Aufwand für die Vorbereitung des Unterrichts durch die Lehrenden verbunden. Problemstellungen auszuwählen und vorab den Lösungsgang für die Aufgabenstellung durchzuspielen ist nicht die einfachste und leichteste Art von Unterrichtsvorbereitung. Weitere Gesichtspunkte neuer Unterrichtskultur sind komplementär zu den bisher dargelegten Sachverhalten von Bedeutung. Aktive Teilnahme am gesellschaftlichen Leben bietet Möglichkeiten zur Praxisanwendung der erworbenen Fähigkeiten und Haltungen. So hat sich am Gymnasium Neukloster (MV) ein Schüler-Lehrer-Projektkurs »Schule ohne Rassismus« auf Initiative eines Schülers gebildet. Offene Auseinandersetzung und Aktionen gegen Gewalt und Rassismus werden gefordert und vertreten. – Solche Aktivitäten werden sinnvoll ergänzt durch die Förderung der musischen Anlagen der Kinder. Musik und Sport gehören zu einer aktiven Erlebniswelt in der Schule. Überhaupt kommt es darauf an, das Denken in all seinen Variationen nicht isoliert zu sehen. Freude am Gelingen, Stolz auf Geleistetes, Erfüllung am Sinn und Erfolg zu empfinden soll nicht ausgelassen bleiben. Lösungen finden, neue Wege erkunden und aktiv sein, das kann auch Spaß machen! – All diese Vorhaben sind auf dem Wege. Besonders gut wirksam werden sie realisierbar, wenn sie zugleich mit einer neuen demokratischen Unterrichtskultur verbunden werden.

Dr. Fritz Reheis hat dazu sehr diskussionswürdige, vielleicht an mancher Stelle bereits praktizierte Gedanken vorgestellt. Sinngemäß geht es darum, das Verhältnis Lehrer-Schüler auf neuer Basis zu gestalten. So, dass mehr die gemeinsame Arbeit zum Unterrichtsprinzip erhoben und der traditionelle Autoritätsstatus des Lehrers/der Lehrerin abgebaut wird. Mehr Diskussion als Belehrung. Auch die Gruppenarbeit der Lernenden (Teamwork) als Projektarbeit im Sinne auch der oben dargestellten Problemaufgabenbearbeitung gehört dazu.

Praktika – aktive Gestaltung – gehen auch in diese Richtung. Lenkung des gemeinsamen Arbeits-Bildungsprozesses und individuelles Eingehen auf die Lernenden sind charakteristisch für diese Unterrichtskultur.

Für alle erfolgreich kann diese Version von Bildungs- und Erziehungsprozess sein bzw. werden, wenn die notwendigen gesellschaftlichen Grundbedingungen dafür gegeben sind: Chancengleichheit, Gebührenfreiheit, Lehrende ohne Existenznöte und hinreiche Partnerschaft mit dem Elternhaus.

Weiter ist wichtig: Die Anwendung der geschilderten Methodik unterliegt einer Reihe von schulorganisatorischen Bedingungen, die je nach dem Grad ihrer Realisierungsmöglichkeit ihre Nutzung hemmen oder begünstigen. Eine graduell unterschiedliche Eignung ist mit der Fachspezifik gegeben, eine Rolle spielt die Klassenstärke – je geringer, umso besser; zweckmäßig wäre auch die Ablösung des einfachen 45-Min.-Stundenregimes durch verschiedene »Stunden-Pakete« aus 2 oder 3 x 45-Min.-Stunden. Die praktische Arbeit führt zu weiteren unterstützenden Varianten. Der Anwendungseffekt könnte vom Inhaltlichen her verbessert werden, wenn es gelänge, fachübergreifende, interdisziplinäre Projektaufgaben in stärkerem Maße zu ersinnen.

Nicht konform mit dieser Konzeption befinden sich solche Aktivitäten, wie sie von Unternehmen, Stiftungen und derlei wirtschaftsabhängigen Organisationen vorangetrieben werden. Als Beispiel sei das Projekt von »Vattenfall« genannt, das im Land Brandenburg unter der Schirmherrschaft des dortigen Bildungsministers stattfindet. Vertreter des schwedischen Energiekonzerns unterrichten in Brandenburger Schulen nach einem Bericht von »Frontal« (Febr. '08) über Umweltprobleme und gesunde Ernährung. An ausgewählten Beispielen wird die technologische Seite der Konzernstrategie erläutert, soweit diese dem Trend erneuerbare Energie gerecht wird. Manche Aktivitäten von »Vattenfall« kommen aber nicht in das Repertoire, wie z. B. die beabsichtigten Vorhaben in der Lausitz, wo mehrere Braunkohlentagebaue neu eingerichtet werden sollen, in der Gegend von Jenschwalde ist davon die Existenz von 32 Dörfern betroffen. Mit diesem Projekt sollen Voraussetzungen für den Betrieb neuer klimaschädlicher Kohlekraftwerke geschaffen werden. Mit ähnlichen Aktivitäten hat sich auch die Bertelsmann-Stiftung in den Bildungsprozess eingebracht. Solche von der Wirtschaft getragene Eingriffe in den Bildungsprozess sind das Gegenstück zu der neoliberalen Privatisierungspolitik und können nicht hingenommen werden, weil sie vor allem diesen Unternehmen einen Nimbus gesellschaftlichen Engagements verleihen sollen, der zudem im Widerspruch zu ihren sonstigen profitorientierten Handlungsweisen steht. Auch entsprechen diese Veranstaltungen keineswegs der hier in dieser Konzeption beschriebenen Unterrichtskultur.

Hier ist die Zivilgesellschaft gefordert. »Zivilgesellschaft umfasst heute im Kern Organisationen, Vereine und soziale Bewegungen, die sich Zielen und Aufgaben der menschenrechtlichen, friedensstabilisierenden, sozialen, ökologischen und Demokratie intensivierenden Problemen stellen, als Korrektiv gegen Staat und Wirtschaft wirken ... (vgl. weiter: H. Gliemann: Unter der Lupe: Neoliberales Zeitgeschehen. S. 35). Alle diese Kräfte sind aufgerufen, diesem Tatendrang der Konzerne entgegenzutreten und in der Öffentlichkeit eine Schule zu befürworten, die Mitglieder der Gesellschaft heranbildet, die sich von Humanismus, Toleranz und Solidarität leiten lassen, kritische loyale Staatsbürger, bewusste Europäer und den globalen Erfordernissen aufgeschlossene Weltbürger.

Zum Bildungsgipfel

Bildungsgipfel – Bildungsrepublik: Große Worte, aber dürftige Substanz. Keine definitiven Entscheidungen, sondern mehr zwielichtige »Visionen«. Zur Finanzblase gesellt sich jetzt auch eine Bildungsblase! 2015 mit 10 % des BIP für Forschung und Bildung ist angesagt. Aber wer weiß schon, was 2015 ist? – Wichtige Probleme bleiben ungelöst; an »Grundpfeilern« wurde nicht gerüttelt: Der Föderalismus bleibt mit viel Spielraum für »Eigenständigkeit« mit Nachteilen für viele, wie am Beispiel des Bildungsgipfels demonstriert, unangetastet. – Für eine einheitliche Lösung im Sinne des Verzichts auf Studiengebühren konnte sich der Gipfel nicht durchringen. Das dreigliedrige Schulsystem – Hauptschule, Realschule, Gymnasium – bleibt erhalten, obwohl es mehrfach von den UNO-Beauftragten kritisiert wurde. Chancengleichheit ist weiter ein Tabu! – Die fortschreitende Privatisierung verletzt desgleichen die Chancengleichheit und widerspricht dem Prioritätsgebot der Daseinsfürsorge. – Summa summarum: Vier grundlegende Sachverhalte ohne Ansatz zu jeglicher radikaler Veränderung. Geld und Strukturen sind nicht alles. Angedeutete Alternativen sind notwendig, aber letzten Endes ist entscheidend, was in der Schule passiert! – Lehrerinnen waren nicht beim Gipfel dabei, oder? – Zwei Probleme waren weitgehend unterbelichtet: Die Stellung des Lehrers in der Gesellschaft und die Bildungs- und Erziehungsinhalte. – Ob sich die Teilnehmer des Gipfels einmal ausdrücklich für der Lehrkräfte mühevolle Arbeit bedankt haben, ist nicht recht ersichtlich. Lehrer/-in sein ist kein Job, es ist eine Aufgabe, die auf Berufung beruht. Dem diametral entgegen läuft in mehrfacher Hinsicht die Art der Behandlung der Lehrer/-innen durch die Obrigkeit. Es gibt z. B. solche Praktiken: Lehrer werden bei Ferienbeginn in die Arbeitslosigkeit entlassen und mit Schuljahresbeginn wieder eingestellt. Solche oder ähnliche Verfahrensweisen lassen sich nicht mit dem Anspruch und der Würde des verantwortungsvollen Wirkens der Lehrkräfte für die Gesellschaft vereinbaren. – Soweit erkennbar, waren bei dem Gipfel die Probleme der Bildungsinhalte nur marginal oder gar nicht Diskussionsgegenstand. Worum geht es? Bildungsziele und -inhalte sind für die Gesellschaft da und nicht nur für die Wirtschaft. Ein Kernproblem der Bildung ist meines Erachtens (und ich war als Lehrer lange Zeit an Berufsfach- und Hochschulen tätig), die richtigen Proportionen zwischen der Vermittlung von Bildungsinhalten (Minimierung des »Frontalunterrichts«) und der Ausprägung der schöpferischen Tätigkeiten (Optimierung von Selbsttätigkeit) zu finden. Eine neue Lernkultur gilt es verstärkt zu fördern. Es kommt mehr und mehr darauf an, alle Modalitäten des Denkens im weitesten Sinne zum individuellen Erlebnis der Lernenden zu gestalten. Aufgabenstellungen, Aufgabenlösungen erfordern Fähigkeiten zur Problemanalyse, Erkennen des Lösungsweges und der Lösungsschritte, Finden von Lösungsvarianten, Optimierung und Bewertung, dann Entwicklung von Urteilskraft und Kritikfähigkeit usw. – Dazu gehört die Beherrschung der Hilfsmittel. »Lernen zu lernen« ist die Formel, nach der alles vor sich geht. Projektarbeit und dergleichen sind Formen dieser Unterrichtungsweise. So werden Voraussetzungen erbracht für Aufgeschlossenheit zur Mitwirkung an gesellschaftlichen Veränderungen bei der Gestaltung der Lebensverhältnisse der Menschen bei uns und überall.

November '08

Bildungsnotstand oder?

Der aufmerksame Beobachter des Geschehens im Bildungswesen sieht sich mit zwei scheinbar diametral entgegengesetzten Erscheinungen konfrontiert. Und wundert sich – oder mehr. – Da gibt es Lehrer in MV, die sich mit Zwei-Drittel-Planstellen begnügen müssen mit dem entsprechenden Verdienst. Verunsicherung über Arbeitsort und -dauer, Minderung der Arbeitsfreudigkeit und andere Nachteile sind die Folge. Manche Lehrer müssen an zwei verschiedenen Schulen an Orten in der Region arbeiten. Diese Teilarbeitsverhältnisse lassen sich wohl kaum mit Verantwortung und Berufsethos der Lehrkräfte in Einklang bringen, sind auch in der Wirtschaft nicht das Alltägliche und schwerlich für alle arbeitenden Menschen als sozial erfreuliches und akzeptables Dasein zu werten. – Andererseits ist zu verzeichnen, dass bundesweit etwa 20.000 Lehrkräfte im neuen Schuljahr fehlen, so die Feststellung des Philologenverbandes, der Standesvertretung der Gymnasiallehrer. Die Situation ist über einen längeren Zeitraum betrachtet noch prekärer, da mit dem Ausscheiden einer großen Zahl von Lehrkräften im rentennahen Alter zu rechnen ist. Eine Sicherstellung der anfallenden Unterrichtskapazitäten würde einen jährlichen Zuwachs von 3 % Neueinstellungen verlangen. Diese Quote wurde aber in den letzten Jahren nicht erbracht, sodass die Aufrechterhaltung des Schulbetriebes immer problematischer wird. Zweifelhafte Aushilfslösungen werden praktiziert. Unfaire Methoden wie die Abwerbung von Lehrkräften aus anderen Bundesländern, so z. B. von Hessen gehandhabt, kommen zum Zuge. Mit diesen Tatbeständen wird aber nur *ein* Problem des Bildungswesens angesprochen. Weitere sind in dem zweiten Bildungsbericht benannt. – Diesen traurigen Sachverhalten gegenüber stehen die ständig von Spitzenpolitikern erhobenen Beteuerungen über die Wichtigkeit und Bedeutung eines hoch qualifizierten Bildungswesens. Die Fakten zeigen fundamentale Schwächen und offenbaren ein Versagen der Politik in mehrfacher Hinsicht. Dem soll jetzt ein von der Bundeskanzlerin angekündigter »Bildungsgipfel«

im Oktober 2008 abhelfen. – Was sind die Ursachen der Malaise? An erster Stelle ist dazu der Föderalismus zu nennen, die Länderhoheit für das Bildungswesen. Er fördert das Beharren auf unterschiedlichen Lösungen und behindert fortschrittliche. Ein entscheidender Grund für die unbefriedigende Bildungspolitik ist das Festhalten an dem Prinzip der Spar-Priorität für den Haushalt und der damit verbundenen mangelnden Flexibilität im Einsatz der Finanzmittel (1995: 6,9 %; 2006: 6,2 % Anteil des BiP für Bildung). Vorausschauende Planung und langfristige Vorsorgepolitik sind in diesem Falle nicht besonders ausgeprägt, ähnlich auch bei der Sicherung des beruflichen und ingenieurtechnischen Nachwuchses (70.000 Ingenieure fehlen!). Vielleicht spielt hier im Unterbewusstsein die Verteufelung der Planwirtschaft der DDR noch eine Rolle.

August '08

Kreativität verschenkt

»Bildung tut Not, Bildung ist die wertvollste Ressource, über die wir in Deutschtand verfügen«. So ist es oft von Politikern zu hören. Man könnte erwarten, dass die Politik eifrig bemüht sei, die in allen Schichten der Gesellschaft vorhandenen Potenziale Kreativität (Schöpferkraft) und Bildungswilligkeit zu nutzen und dafür zu sorgen, dass Chancengleichheit für zu viele nicht nur ein Wunschtraum bleibe. Aber weit gefehlt! Das dreigliedrige Schulsystem, mehrfach von dem UNO-Experten Munoz kritisiert, von Hans Peter Waldrich als »Selektionsmaschine« qualifiziert, hält sich immer noch. Formal gibt es die Wahl der Schulkategorie, real sind Schulen »Sortiermaschinen«. »Dort wird entschieden, wer welche »Berechtigung« erhält, hier werden Lebenschancen erzeugt, verteilt und auch verhindert«.[7]

Vor allem die zu frühe Entscheidung über das Fortkommen im Bildungssystem nach 4 Jahren erbringt oft Fehlentscheidungen. Noch nicht erkannte Anlagen und Fähigkeiten bleiben auf der Strecke.

Privatschulen mit monatlichen Schulgeldforderungen von 200 bis 900 € sind nur für entsprechend finanzkräftige Eltern erschwinglich. Noch wächst der Anteil dieser Schulen am Gesamtschulsystem. Etwa 10 % aller Schulpflichtigen besuchen jetzt Privatschulen. Aber sehr vielen bleibt dieser Weg verschlossen. Nachhilfe, das »kommerziale Parallelsystem am Nachmittag«, hat sich als Reaktion auf die chronische Unterfinanzierung der Bildungseinrichtungen zu einem lukrativen Geschäft entwickelt. Schätzungen beziffern den Aufwand hierfür auf rund 1 Mrd. € jährlich. Eine Untersuchung hat ergeben, dass etwa jeder 4. Schüler schon Nachhilfe in Anspruch genommen hat. Eine Unterrichtseinheit kostet 10 bis 50 €. In Anspruch nehmen kann diese Art Hilfe nur wer zahlungskräftig ist. Für viele wieder eine Barriere. Die Politik unterstützt die privaten »Nachhilfeunter-

---

7   Hans-Peter Waldrich: Der Markt, der Mensch, die Schule

richts«unternehmen noch durch die Befreiung von der Umsatzsteuerpflicht.

Studiengebühren an einem Teil der Hochschulen dezimieren weiter den Kreis der jungen Menschen, die entsprechend ihren Voraussetzungen ein Studium aufnehmen könnten. Bafög usw. sind kein Allheilmittel.

Freie Wahl der Schule (z. B. vom Dorf in die Stadt) ist in MV vorgesehen. Die Kosten für den Schulweg tragen die Eltern. Auch das kann sich nicht jeder leisten. Kosten für Schulbücher werden z. T. durch staatliche Zuschüsse gemindert. In Berlin gibt es 100 € Zuschuss im Jahr. Ein Mehrfaches an Kosten entfallen auf das Elternhaus. Schulgelderhebung ist beabsichtigt.

Insgesamt eine stattliche Palette von Behinderungen der Chancengleichheit, ein Aderlass an Kreativität. So klaffen Worte und Taten der Politik auseinander. Notwendig wäre ein qualitativ hochwertiges Bildungssystem für *alle*, vom Staat finanziert. Sollte man nicht den Einsatz in Afghanistan, einem Fass ohne Boden, beenden und das Geld für die Bildung einsetzen?

Mai '08

Unterrichtskultur – heute und morgen

Noch in der Diskussion ist die Frage: 12 oder 13 Jahre bis zum Abitur? (bzw. 8 oder 9).

Umstritten ist die Verkürzung der Schulzeit. Dank der föderalen Länderstruktur haben wir jetzt die Situation, dass einige Länder bereits die verkürzte Variante praktizieren, andere warten noch ab. Motiv für Verkürzung war vermutlich die hauptsächlich von der Wirtschaft vertretene Forderung nach einem früheren Eintritt der Menschen in das Erwerbsleben. Neoliberale Tendenzen der Wirtschaft dirigieren die Politik. Oder waren es die Lernenden und Lehrenden, die die Verkürzung wünschten? – Offensichtlich gibt es erhebliche Probleme bei der Realisierung der 12-Jahres-Variante. Klagen über Stress und Überforderung der Betroffenen nehmen überhand. Der Ausdruck »Turboschule« charakterisiert die Misere. Es zeigt sich, dass der Schritt der Verkürzung nicht mit der nötigen Umsicht und dem Nachdenken über Veränderungen von grundsätzlicher Natur in Angriff genommen wurde. Längst fällig ist eine radikale Umstellung der Unterrichtskultur. Der permanente, immense Zuwachs an Wissen und Erkenntnissen kollidiert mit der weit verbreiteten Dominanz von Stoffvermittlung. Stoff »entrümpeln« kann da nicht viel helfen. An die Stelle des »Frontalunterrichts« mit seiner Stoffweitergabe fertig aufbereiteten Wissens, die hauptsächlich eine Gedächtnisbeanspruchung verlangt, sollte die Entwicklung des Denkvermögens mit seiner Vielfalt an Denkoperationen und die Ausprägung von Urteilskraft treten. Diesem Anliegen gebührt die entscheidende Priorität in der Unterrichtsmethodik. Ausgewählte fachtypische Aufgabenstellungen können selbstständig von Einzelnen oder Gruppen bearbeitet werden. Problemanalysen, Finden von Lösungsvarianten, Bewertung und Vergleich, Entscheidungskompetenz und andere gedankliche Teilschritte können geübt und angeeignet werden. Systematisches Denken und Kritikfähigkeit bilden sich heraus. Von der Aufgabenstellung bis zur Beurteilung der Ergebnisse spielen die gesellschaftlichen Aspekte solcher Problemlösungen eine wichtige Rolle. Gemeinwohl oder Privatinteresse, Lokal- oder Globalerfordernis, soziale Sicherheit oder Prekariat und Armut, Nachhaltigkeit und andere Gesichtspunkte ergeben Entscheidungssituationen, die den Lernenden die Chance bieten, eine für die Gesellschaft verantwortungsvolle, humanistische Position zu beziehen. Nicht versierte Konsumenten und/oder flexibilitätswillige Arbeitskräfte braucht die Gesellschaft und die Welt, sondern verantwortungsbewusste, kritische, kreative, tolerante und solidarische junge Menschen. – Diese Methodik wird durch weitere Elemente einer neueren Unterrichtskultur vervollkommnet. Dazu gehören: Mehr gemeinsame Arbeit von Lernenden und Lehrenden, Zurücknehmen des Autoritätsstatus der Lehrenden, mehr Diskussion als Belehrung, Gruppenarbeit, Projektarbeit usw.; Verfahrensweisen, die schon gehandhabt, aber noch lange nicht in einer wünschenswerten Breite realisiert werden. – Es ist aber abzusehen, dass mit einer in diese Richtung tendierenden Unterrichtskultur auch eine Verkürzung der Schulzeit möglich ist. Die Zivilgesellschaft, insbesondere Eltern, sollten sich mit diesen Gedanken vertraut machen, damit sie konstruktiv an der Diskussion dieser Probleme teilnehmen können.

April '08

Turbulenzen in und um Schulen

Umstrittene Kopfnoten in NRW; Zeugnisse ohne Noten erhielten zum Beginn der Winterferien Schüler im Landkreis NWM; Experimente mit altersgemischten Gruppen in Klassen; Ansätze zur Reduzierung des dreigliedrigen Schulsystems; Streit über Sinn oder Unsinn der PISA-Studien; Hausaufgaben: Ja oder nein und vieles andere zeugen von einer kreativen Unruhe in den Schulen und der Suche nach Lösungen für angestaute Probleme. Viele positive Initiativen sind zu verzeichnen. Als Beispiel sei das Projekt ALREIU genannt, das in Brandenburg seit 1993 minderjährigen, alleinstehenden Flüchtlingen hilft, mit schulischer Bildung und Betreuung bis zum 18. Lebensjahr den Weg ins Leben zu bahnen. Die Vielfalt der Probleme darf nicht darüber hinwegtäuschen, dass es Kernprobleme gibt, die der besonderen Aufmerksamkeit der Öffentlichkeit bedürfen. Das sind m. E. einmal die Fragen der Chancengleichheit und zum anderen die Problematik der Bildungs- und Erziehungsinhalte. Chancengleichheit wird eingeschränkt durch das noch weitgehend existierende dreigliedrige Schulsystem (vgl. Kritik der UNO), die weiter fortschreitende Privatisierung von Schulen mit den entsprechenden Gebühren und weitere neue Ideen. So hat der Bildungsminister MV vor, den Wettbewerb, sprich Konkurrenz, zwischen den Schulen zu fördern. U. a. sollen die traditionellen Einzugsgebiete der Schulen aufgegeben werden. Die Eltern können sich für ihre Kinder die Schule ihrer Wahl aussuchen und dann aber auch den Schulweg finanzieren. Kommerzialisierung im Schulwesen mit gleichzeitiger weiterer Verminderung der Chancengleichheit, Ideen der neoliberalen Wirtschaft greifen immer mehr um sich. So auch hinsichtlich der inhaltlichen Ausprägung der Bildung. Der neoliberale Zeitgeist fördert den Trend in Erziehung und Bildung ein Profil von Menschen der Gesellschaft zu beeinflussen, das durch Kategorien betriebswirtschaftlichen Denkens (Profit, Effizienz, Flexibilität, Konkurrenz usw.), durch Individualismus und den »funktionstüchtigen Konsumenten« bestimmt ist. Die Wirtschaft und ihre Gehilfen, wie z. B. die Bertelsmann-Stiftung, unterstützen diese Richtung. Auf der Strecke bleiben solche Erziehungsvorstellungen wie Humanismus, Toleranz und Vorbilder wie kritische loyale Staatsbürger; besser: solidarische Europäer; oder noch besser: mit viel Verständnis für die globalen Probleme ausgestattete Weltbürger. Die Politik der Herrschenden ist zwiespältig. Einerseits wird ständig die herausragende Bedeutung der Bildung beschworen, andererseits entspricht der Finanzmitteleinsatz nicht diesem Anspruch. Deutschland wendet 5 % des BIP für Bildung auf, Venezuela 8 %! insgesamt ist erkennbar, dass noch viel zu tun ist, um einem hohen Stand von Bildung in der BRD gerecht zu werden. Die Zivilgesellschaft sollte sich intensiver dieser Problematik annehmen; die Eltern sollten noch mehr mit den Alternativen vertraut gemacht und zu aktiver Mitarbeit angeregt werden. Die schon agierenden Jugendlichen sollten auch noch mehr dabei sein.

März '08

Die Notbremse

Bildungsministerin Schavan ruft nach Hilfe, um einer Misere im Bildungswesen der Bundesrepublik zu entgegnen, Leute mit Fachkompetenz (Ingenieure und andere Topmitarbeiter) sollen stundenweise unterrichten (Mathematik, Physik ...). Wenn damit etwa dem Lehrermangel der kommenden Jahre in der Größenordnung von etwa 20.000 Stellen abgeholfen werden sollte, dann kann das nur als Phantomprojekt gewertet werden. Das Verhältnis zwischen dem möglichen Aufkommen durch den Aufruf und der Super-Lücke an Bedarf ist so nicht beizukommen. Eines Kommentars zu diesem Lehrerfehlbestand hat sich die Ministerin enthalten (Frau Schavan war aber früher schon einmal für den Lehrernachwuchs in Baden-Württemberg verantwortlich). Vielleicht sind hier die Länder zuständig. Der Föderalismus kann so oder so nützlich sein. Er ermöglicht die Abwerbung von Lehrkräften aus anderen Ländern und ist ein gutes Beispiel für den viel gepriesenen neoliberalen Wettbewerb. Um den Lehrernachwuchs zu sichern, bedarf es attraktiver Arbeitsbedingungen und eines guten Gehalts, aber auch einer gesellschaftlichen Aufwertung des Lehrerberufs und der Weckung von Interesse und Begeisterung für diese Aufgabe bei den jungen Leuten von heute. – Eine Kernfrage des Problems wird nicht in Betracht gezogen. Wie wird der Unterricht gestaltet? Ist Fachkompetenz gefragt (was offensichtlich das Anliegen der Bundesministerin ist) oder die Fähigkeit, die Schüler/-innen zum selbstständigen Denken und Arbeiten zu erziehen? Isabel Allende hat in ihrem Buch »Porträt in Sepia« die Unterrichtsmethode ihrer Lehrerin wie folgt beschrieben: »Jedes Mal, wenn ich eine Frage stellte, zeigte mir diese großartige Lehrerin den Weg, die Antwort selbst zu finden. Sie lehrte mich, die Gedanken zu ordnen, zu forschen, zu lesen und zu lauschen, Alternativen zu suchen, alte Probleme mit neuen Lösungen zu klären, logisch zu diskutieren. Vor allem lehrte sie mich, nicht blind zu glauben, sondern zu zweifeln und zu fragen, auch das in Frage zu stellen, was eine unumstößliche Wahrheit zu sein schien ...«

Mit anderen Worten: analysieren, kombinieren, logisch schlussfolgern, komplex untersuchen, Varianten finden, Lösungen kritisch bewerten; das sollte der Trend in der Unterrichtsmethodik sein. Auswendig lernen, Frontalunterricht, passives Aufnehmen von »Stoff« hat nicht mehr die Priorität. Dieses noch nicht überall praktizierte Vorgehen erfordert eine entsprechende pädagogische Vorbildung. Und es ist sehr fraglich, ob die Ingenieure und sonstigen Kräfte diese Voraussetzungen mitbringen. Das Vorhaben der Ministerin dürfte eher ein Irrweg sein. Ein weiterer Flop im Bildungswesen nach dem sog. Bildungsgipfel, der groß angekündigt, aber keine deutlich sichtbaren Ergebnisse gebracht hat. Auch das Vorhaben des zweiten Konjunkturprogramms zur Sanierung der Schulgebäude ist auf dem Holzweg. Was hilft das schönste Bauwerk ohne die erforderlichen Lehrkräfte mit der o. g. von Isabel Allende charakterisierten Kompetenz? Eine generelle Kursänderung in der Bildungspolitik ist unvermeidlich.

Schule und Großunternehmen

Im Zuge des neoliberalen Zeitgeistes, der von der Ökonomie ausgeht, nimmt die Kommerzialisierung des Bildungswesens immer neue Formen an. Beispiel dafür sind: Erstens: Vattenfall, Energiekonzern, ist im Lande Brandenburg präsent. Vertreter des Unternehmens unterrichten in Schulen unter der Schirmherrschaft des dortigen Bildungsministers nach einem Bericht in »Frontal« (Febr. '08) über Umweltprobleme, gesunde Ernährung und technologische Probleme der Konzernstrategie, soweit diese dem Trend erneuerbare Energie gerecht werden. Nicht enthalten im Repertoire der Darbietungen sind die vom Konzern beabsichtigten Vorhaben in der Lausitz: neue Braunkohlentagebaue, 32 existenzgefährdete Dörfer, neue klimaschädliche Kohlekraftwerke (Projekt). Ergebnis: Werbung und Imagepflege mit geschönter Darstellung der Konzernstrategie einerseits und Unterlassung von Aussagen über die neoliberale Profitmaximierung andererseits. Zwei Seiten einer Medaille »Betriebswirtschaft«.

Zweitens: Gesponsert von einer Pharmafirma veranstaltet ein Unternehmen in Schulen Unterricht unter dem Motto »Krebshilfe«. Speziell geht es dabei um Impfungen gegen Gebärmutterhalskrebs mittels eines neuen Medikaments. Wie Mitarbeiter von »Monitor« (21.02.08) feststellen konnten, wurde dabei auf die Darstellung der inzwischen aufgetretenen negativen Folgen dieser Impfungen nicht eingegangen. Auch in den dazu herausgegebenen Broschüren wird auf die möglichen Nebenwirkungen nicht hingewiesen. Ein Gutachter hat festgestellt, dass nur 5–10 % der Fälle beim Arzt landen. Das »Paul-Ehrlich-Institut« fordert Abhilfe durch exakte Dokumentation, wie das in Dänemark der Fall ist. – Ergebnis: missbräuchliche Nutzung der Schule zur Werbung für eine Pharma-Produkt unter Vorspiegelung von Gesundheitsvorsorge bei Unterlassung einer umfassenden Dokumentation.

Drittens: Der Siemens-Konzern – Niederlassung Rostock – stiftet für Kinder in Kindergärten unter anderem in Wismar »Forscherkisten«

im Werte von 5000,– Euro. Es geht um den »spielerischen Zugang zu Naturwissenschaft und Technik«. Im Stadtanzeiger« vom 08.02.08 erscheint dazu ein Bildchen, auf dem die Bürgermeisterin mit vier kleinen Jungen beim Erproben der Experimente zu sehen ist. – Die Kinder können sich freuen. Ansonsten Imagepflege für Siemens. Von den Milliardengewinnen des Konzerns wird sogar etwas abgezweigt – wenn man aber weiß, dass zu ebendieser Zeit der Siemenskonzern angekündigt hat, 3.200 Beschäftigte zu entlassen, das hält die Freude in Grenzen und Zweifel an der Menschenfreundlichkeit kommen auf. Es ist doch nur alles neoliberale »Betriebswirtschaft«. –

Viertens: Auch die Bertelsmann-Stiftung mischt hier mit, gibt Lehrmaterial heraus und versucht, auf die Gestaltung des Bildungsprozesses im Sinne der Zielstellung der Verwertbarkeit der Bildung als »Humankapital« Einfluss zu nehmen. Fazit: Die Tendenz der zunehmenden Einflussnahme der Großunternehmen auf die Bildungsprozesse bedarf der kritischen Aufmerksamkeit. Bildung ist nicht nur für die Wirtschaft da. Zweifelhaften und unlauteren Methoden sollte begegnet werden. »Image- oder Renommee-Pflege« ist nicht Aufgabe der Schule. Die Zivilgesellschaft ist gefordert, sich zu engagieren. Politiker sollten reiflich prüfen, ob sie solche oder ähnliche Aktivitäten billigen oder gar unterstützen können.

April '08

Konzil – Pro und Kontra

Ja oder Nein zum Konzil an den Hohen Schulen in MV steht zur Debatte. Vielleicht denkt manche Leserin/Leser: Was habe ich damit zu tun? Sollen sich die Hochschulangehörigen damit auseinandersetzen! Primär ja, ist es Sache der Hochschule, sekundär aber ist es eine Problematik der Gesellschaft insgesamt, denn hier geht es um Demokratie! – Das Konzil ist eine Vertretungskörperschaft der Hochschulangehörigen, Hochschullehrern – Studierenden – Mitarbeitern, die in etwa zu je einem Drittel (oder ähnlich) darin vertreten sein können. Das Konzil fungiert als Beratungsgremium für grundsätzliche Angelegenheiten (Profilierung, Strategie, Investitionen und dergl.). Ihm obliegt die Wahl der Funktionsträger der Hochschulen (Rektoren usw.). Die Tagungen des Konzils sind öffentlich und damit ein Angebot an Transparenz, eine Brücke zur Gesellschaft. – Abschaffung des Konzils bedeutet Kappung des Mitspracherechts der Studierenden an den Angelegenheiten der Hochschule und damit Abbau von Demokratie, wieder ein Defizit. Davon haben wir aber bereits in der Gesellschaft eine ganze Reihe: schwache Wahlbeteiligung, Ignorierung von Kritik im öffentlichen Leben (z. B. Reich-Ranickis Kritik am Fernsehen), Tabus (z. B. dreigliedriges Schulsystem), Hürden bei Volksentscheiden, Konferenzen hinter verschlossenen Türen (z. B. der zwischen Afrika und den Industrieländern – Partnerschaft) usw. – Diesen Trend der Einschränkung der demokratischen Rechte und Gepflogenheiten gilt es umzukehren. Demokratie ist die allgegenwärtige Form des Zusammenlebens der Menschen. Demokratie ist nicht allein Terrain für Politiker und Parteien. Demokratie gilt es überall zu fördern, damit zukünftige Entwicklungen der Gesellschaft sich auf satte Mehrheiten stützen können. Wir sollten Willy Brandt folgen; er forderte: »Mehr Demokratie wagen!« – In diesem Sinne ist dafür zu plädieren, dass die Studierenden sehr wohl mit dem Konzil eine Stätte haben, die ihnen Mitwirkung an der Gestaltung der Bildungsprozesse gestattet. Dafür sprechen auch folgende Argumente:

- Studierende sind die zuerst und unmittelbar vom Lehr-, Lern-
  und Ausbildungsprozess Betroffenen
- Studierende sind in der Überzahl in dem Gesamtprozess vertreten
- Studierende sind mündige Bürger, können im gesellschaftlichen
  Leben mitwirken, wählen und politisch agieren
- Studierende können mitdenken zu ihrem eigenen Wohle und
  auch durch Kritik zur Optimierung des von ihnen zu absolvie-
  renden Prozesses beitragen
- Studierende erleben die Verwirklichung des Prinzips einer demokratischen Gestaltung eines gesellschaftlichen Vorgangs.

Schon aus dieser Sicht der Dinge ergibt sich ein Übergewicht an Argumentation und Motivation für das Pro zum Konzil! Und so können
auch die demokratisch gewählten Volksvertreter des Landtages die demokratische Instanz des Konzils mit ruhigem Gewissen bejahen. – Offensichtlich gibt es auch Kräfte, die das Konzil für überflüssig halten.
Das sind vermutlich diejenigen, die dem Trend folgen, dass im Zeitalter
des Neoliberalismus die Hohen Schulen so eine Art Konzern darstel-
len und auch so agieren sollten. Ein Widerstreit zwischen Demokratie
einerseits und Hierarchie andererseits sollte zugunsten der Demokratie
entschieden werden.

Dezember '08

Jugendkriminalität: Was ist zu tun?

Mit Härte und Strafverschärfung will Herr Koch gegen Jugendkriminalität vorgehen. Von Jugendlichen begangene Gewalt-Untaten der jüngsten Zeit boten ihm Gelegenheit, das Thema aufzugreifen. Das Thema ist aber nicht neu. Seit ca. 10 Jahren steht es im Raum und konnte nicht bewältigt werden. Die rote Laterne Kochs in Hessen dabei (1200 Polizisten wurden entlassen usw.) spricht nicht gerade für seine Eignung, sich dieser Sache anzunehmen. Wahltaktik und Populismus sind im Schwange. Besonders akzentuierte Koch noch die Einbeziehung von Jugendlichen mit »Migrationshintergrund« in die Täter. Das war eine populistische, nicht fundierte Aussage, die von anerkannten Wissenschaftlern (z. B. Pfeifer) widerlegt wurde. Es ist nämlich einleuchtend, dass kriminelle Handlungen Jugendlicher in erster Linie in den sozialen Gegebenheiten dieser Gesellschaft zu sehen sind und keineswegs in der nationalen bzw. ethnischen Herkunft oder Bindung der Jugendlichen. Kommen wir zu den Ursachen der Problematik. Ursachendiskussion findet nur am Rande statt; aber das ist das Hauptproblem! – Ursachen für Gewaltbereitschaft und Gewalttätigkeit Jugendlicher in der Gesellschaft sind:

- Mangelhafte Bildung, auch bedingt durch das mehrfach von der UNO kritisierte mehrgliedrige Schulsystem, das Chancengleichheit der Kinder beeinträchtigt und besonders der mit Migrationshintergrund.
- Die Unvollkommenheiten in der so genannten Integrationspolitik, die es den oft schon lange in Deutschland lebenden Ausländern schwer machen, sich einzugewöhnen.
- Die vielfältigen anderen negativen Einwirkungen, die sich aus der familiären Situation ergeben, die wiederum oft von Arbeitslosigkeit, Perspektivlosigkeit und anderen Umständen geprägt sind.

Oft kommen mehrere dieser Faktoren unglücklich zusammen. Diesen Ursachen mit vollem Engagement entgegenzuwirken sollten sich Gesellschaft und Politiker vornehmen. Das wäre Prävention. Erst dann kommt die direkte Einflussnahme auf das Geschehen. Härte (Verlängerung des Strafvollzugs, Warnschussarrest, Abschiebung, frühzeitigere Urteile) – all das verspricht kaum positive Einwirkung auf die künftigen Verhaltensmaximen der jungen Menschen. Für sie hat die Gesellschaft aufgrund ihres Alters eine besondere Verantwortung – Allein der Ausdruck »Warnschussarrest« ist als solcher abschreckend, militant und könnte dem alttestamentarischen Vokabular – Auge um Auge/Zahn um Zahn – entnommen sein. Wir haben es hier mit Menschen zu tun. Von Erziehung war in der bisherigen Diskussion kaum die Rede. Aber alle Aktivitäten der Einwirkung auf die Straftäter, aber auch schon der der Präventionshandlungen bedürfen der bewussten Wahrnehmung der Möglichkeiten von Erziehung. Gibt es Vorstellungen über Erziehungsziele? Sind Solidarität, Toleranz, Kritikfreudigkeit, selbstständiges Denken, Kommunikationsbereitschaft und andere Eigenschaften auch in der heutigen Ellenbogengesellschaft wertvoll? Lehrer und Erzieher alter Bildungseinrichtungen vom Kindergarten bis zur Uni, Eltern und alle im Jugendstrafvollzug Tätigen sind aufgerufen, präventiv, individuell und mit Einfühlungsvermögen die guten Seiten im Menschen zu erkennen und zu fördern. Ansporn und Forderung, Lob und Anerkennung sind gefragt. Bei Anton Semjonowitsch Makarenko lohnt es sich nachzulesen. Das ist keine »Kuschelpädagogik«, so etwas gibt es nämlich nicht. Der Begriff wurde erfunden, um wahrhaft menschliche Bemühungen um die Jugendlichen zu diffamieren. Einen Lichtblick in der Bewältigung dieser Problematik bietet der in den Landtag MV dieser Tage (Jan. '08) eingebrachte Gesetzentwurf über den »Jugendstrafvollzug und die Eingliederung jugendlicher und heranwachsender Straftäter«. Berufliche Ausbildung ist darin ein Schwerpunkt.

Februar '08

Bildungsdebakel

Einen wahren Sturm von Protesten, Demonstrationen und Streiks hat die Misere im Bildungswesen der »Bildungsrepublik Deutschland« hervorgerufen – ohne Wismar. Mehrere Fehlentwicklungen haben sich angesammelt. Die Politik, als Mitverursacher, steht dem mehr oder weniger hilflos gegenüber. – Keine Gegenliebe haben die strukturellen Veränderungen im Bildungsprozess, Bachelor und Master als »arbeitsmarktrelevante Gratifikationen« gefunden. Kritik gilt dem achtjährigen Gymnasium, dem mehrgliedrigen Schulsystem, dem partiellen Festhalten an Studiengebühren und anderem. – Wenig zur Geltung kommt die prinzipielle Frage der Gestaltung des Lernens, das Wie. Eine Hamburger Bürgerinitiative plädiert für »Wir wollen lernen«. Noch ist die Forderung nach dem Bildungsziel eines zu kritischer Urteilsfähigkeit verfügenden Menschen kein Allgemeingut. Voraussetzung für Urteilsbildung ist das Denken in all seinen Variationen. Angesehene Persönlichkeiten geben Anregungen zu dieser Problematik. Isabel Allende schreibt in ihrem Buch »Porträt in Sepia« (S. 231/232): »Da meine Großmutter darauf verzichtet hatte, mich in die Schule zu schicken, und der Unterricht bei Senora Pineda zur Gewohnheit wurde, war ich sehr glücklich. Jedes Mal, wenn ich eine Frage stellte, zeigte mir diese großartige Lehrerin den Weg, die Antwort selbst zu finden. Sie lehrte mich, die Gedanken zu ordnen, zu forschen. Zu lesen und zu lauschen, Alternativen zu suchen, alle Probleme mit neuen Lösungen zu klären, logisch zu diskutieren. Vor allem lehrte sie mich, nicht blind zu glauben, sondern zu zweifeln und zu fragen, auch das in Frage zu stellen, was unumstößliche Wahrheit zu sein schien, wie etwa die Überlegenheit des Mannes über die Frau oder einer Rasse oder Gesellschaftsklasse gegenüber einer anderen.« – Oder Heiner Geißler, früherer CDU-Generalsekretär, heute Attac-Mitglied, schreibt in seinem Buch »Ou-Topos« (Suche nach dem Ort, den es geben müsste) im Abschnitt »Selbstständig und unabhängig denken«

unter anderem: »Querdenken kann nicht schaden, aber man muss auch vorausdenken und nachdenken ... Manchmal muss man froh sein, wenn in der Politik überhaupt gedacht wird.« (Beispiel: Bildungspolitik). – Den Kern des Anliegens noch einmal mit anderen Worten: Problemanalyse, komplexe Erfassung von Sachverhalten, Diskussionen von Lösungsvarianten und Ergebnisbewertung sind wichtige Elemente der Denkschulung. Denk- und Urteilsfähigkeit braucht zur Ergebnisfindung globale gültige ethische Normen und Standpunkte: Menschlichkeit, Toleranz, Solidarität... – Wie wichtig diese Gesichtspunkte für die Ausbildung sind, lässt sich daran erkennen, dass es heute bereits eine Sachbuchliteratur gibt, deren Thematik sich gegen den Prozess der Verdummung und Verblödung der Menschen wendet, wie sie von manchen Instanzen der Öffentlichkeit betrieben wird. Ein Sachbuch-Beispiel für Gegenwehr ist: Albrecht Müller: »Meinungsmache – wie Wirtschaft, Politik und Medien uns das Denken abgewöhnen«. Fazit: Inhalte/Fachgebiete sind im Wandel. Stoff allein genügt nicht. Priorität in Ausbildung/Lehre gebührt heute der

- Ausprägung der Denk- und Urteilsfähigkeit
- der hinreichend begleitenden Anleitung zur schöpferischen Selbsttätigkeit und
- der Vermittlung und Festigung ideologisch ethischer Positionen zur Bewertung und Realisierung von Erkenntnissen und Ergebnissen.

Politik

Zwei-Klassen-Gesellschaft

Die Tatsache, dass die Reichen noch immer reicher und die Armen immer ärmer werden, wird allgemein anerkannt. Gewinnabschöpfungen aus der aus Überakkumulation entstammenden Finanzblase führten zu extremer Reichtumsaufstockung. Diese im Neoliberalismus besonders stark ausgeprägte Entwicklungstendenz wurde auch schon früher unter anderen Verhältnissen als Ursache »von Unruhe und für Veränderungen eines Staates« (Jean Bodin, 1570) erkannt. Aristoteles und viel später auch Jean Jacques Rousseau plädierten analog dazu dafür, dass eine annähernde Gleichheit des Besitzes Voraussetzung für eine »gute Ordnung« im Staate sei. In diesem Sinne ist auch die derzeit von manchem vertretene Wunschvorstellung von der sog. Wohlstandsgesellschaft zu verstehen. In der Wirklichkeit haben wir es aber mit einer Zwei-Klassen-Gesellschaft »1. Ordnung« zu tun. Alle sind mehr oder weniger davon betroffen. – Untersetzt wird diese generelle Zweiteilung durch weitere spezifische Formen von Zwei-Klassen-Gesellschaften »2. Ordnung«. Dazu zählt die des Bildungssystems. Betroffen davon ist die junge Generation. Die Wohlhabenden und Betuchten können es sich leisten, ihre Kinder Privatschulen besuchen zu lassen. In MV sind es 6 % der Schülerinnen und Schüler. Für deren späteres Leben werden damit vermutlich günstige Erwartungen an Karrieren verknüpft. – Sicherer sind diese Aussichten für alle die, denen es mittels Studiengebühren in manchen Bundesländern möglich war, ein Studium zu absolvieren. Für viele andere sind jedoch die Studiengebühren ein Hindernis, ein Studium aufzunehmen. – Diese Verhältnisse werden vom Staat arrangiert und gefördert. Neuerdings finden bereits Schülerstreiks statt, die den Protest auch über diese Zustände ausdrücken. Chancengleichheit hie und da tabu! Eine weitere Form der Zwei-Klassen-Gesellschaft – wiederum »2. Ordnung« findet sich im Gesundheitswesen. Betroffen sind also hier die Kranken einschließlich der potenziellen. Die lang und breit diskutierte Gesundheitsreform hat an der Differenzierung von »Privat-« und »Normalpatienten« festgehalten. Finanzkräftige Privatpatienten sind die Privilegierten. Nach wie vor gilt auch die sog. Beitragsbemessungsgrenze mit ca. 4000 € Einkommen pro Monat. Alle, die mit ihrem Verdienst darüber liegen, müssen den Krankenkassenbeitrag nur bis zu diesem Limit entrichten. Der Verzicht auf diese Begrenzung würde ein erheblich höheres Aufkommen zur Finanzierung der Gesundheitskosten ergeben. Und es wäre Solidarität für alle und die Aufhebung dieser Art von Zwei-Klassen-Gesellschaft. Die Schweiz zeigt, wie es geht! – Noch ein Fall lässt sich dieser Kategorie von Zwei-Klassen-Gesellschaft »2. Ordnung« zuordnen. Betroffen sind die Bürgerinnen und Bürger in Ost und West. Obwohl fast zwanzig Jahre nach dem Anschluss vergangen sind, gibt es immer noch gravierende Unterschiede. Vor allem gilt das für die materiellen Lebensbedingungen: Löhne und Renten bewegen sich auf dem Level von ca. 80 % im Osten gegenüber dem Westen, aber bei gleichen Preisen. Konkretes Beispiel: Ein Handwerker in MV arbeitet für ein Drittel weniger Geld jede Woche zwei Stunden mehr als sein westdeutscher Kollege. Auch die Arbeitslosenzahlen untermauern die gegenseitigen Unterschiede. 6 % Arbeitslose im Westen stehen ca. 12 % im Osten gegenüber. Fragwürdige Argumente müssen zur Begründung dieses Zustandes herhalten. Wie lange noch?

Eine besondere Spezies von Zwei-Klassen-Gesellschaft ist die in der Arbeitswelt von heute, eine Form von außerordentlicher Ordnung, weil sie innerhalb der Lohnabhängigen auftritt und am meisten die Menschenwürde des Daseins der Menschen gefährdet. Noch nie gab es so viele working poor im Niedriglohnsektor: Leih- und Zeitarbeiter, Aufstocker, 1-€-Jobs usw. – Knapp 8 Millionen Menschen bzw. 22 % aller Beschäftigten gehören dazu. Deutschland hat in Europa in dieser Frage die Spitzenposition. – Demgegenüber stehen die Vollzeitjobs – auch nicht ohne ernsthafte Probleme – als zweite Klasse. – Eine soziale Misere ohnegleichen. Und der gesetzliche Mindestlohn lässt immer noch auf sich warten. Die Untätigkeit der Regierenden ist bedrückend. – Neue Formen derartiger Zwei-Klassen-Gesellschaften sind im Entstehen. Berichtet wird von der Industriestadt Essen, dass sich eine klassenspezifische Herausbildung von Stadtvierteln bemerkbar macht. Stadtviertel für die Wohlhabenden und solche für die Ärmeren; so eine Art Ghetto-Separation – ein Ausdruck einer Mentalität, die die Trennung von Arm und Reich unterstreicht. Weitere Trennungsprozesse in einzelne Gruppen sind vielfach im Gange. So z. B. bei den Musikern in Berlin, die zum Teil tariflich gebunden sind, während viele andere sich selbst überlassen bleiben. Auch die unterschiedliche soziale Stellung von Angestellten und Beamten im öffentlichen Dienst lässt sich hier einordnen. Solche Erscheinungen sind ein weites Feld. – Fazit: Gespaltene Gesellschaft – ein vorherrschendes Bild in Deutschland. Keine Naturgegebenheit, sondern von Menschen/Politikern gemacht nach dem Prinzip »divide et impera« (teile und herrsche). Das war schon immer nützlich für die Herrschenden zur Stabilisierung ihrer Positionen. So finden wir vielfältige größere und kleinere Gruppen/Klassen, die ihre eigenen Interessen verfolgen. Viele Benachteiligte, Arme und solche, die an der Armutsgrenze lavieren, daneben finanziell Betuchte und zugleich Privilegierte, wenige Reiche und Superreiche, aber Mächtige. Keine Solidarität über alle Schichten der Bevölkerung hinweg. Insgesamt sind diese Verhältnisse das Ergebnis einer über mehrere Jahrhunderte währenden chaotischen und krisenhaften kapitalistischen Entwicklung mit extremen Auswüchsen in der letzten Phase, dem Neoliberalismus. Was ist zu tun? Dieses System hat einen hohen Bedarf an Veränderung. Die Zivilgesellschaft gilt es zu stärken, damit sie mehr gesellschaftsgestaltend wirken kann. Man kann sich nicht damit abfinden, dass der Kapitalismus eine Ökonomie der Konkurrenz ist, aber die Konkurrenz anderer Gesellschaftsformen verweigert. Die Trennung zwischen dem Politischen und dem Sozialen und der Ökonomie sollte überwunden werden. Die Demokratie kann sich vervollkommnen, indem sie sich auch über die Wirtschaft erstreckt. Der herrschenden Preiswillkür wäre so ein Ende zu bereiten. Lernen von anderen steht auf der Tagesordnung wie z. B. in Sachen Mindestlohn, Bildungswesen, Steuergerechtigkeit und anderen Gebieten. Privatisierung hat sich in vielen anderen Ländern schon als untauglich erwiesen. Eine ethisch fundierte Gesellschaftsordnung ist die Vision der Zukunft.

Dezember '08

Halbheiten-Politik

Zurzeit werden die Medien beherrscht von der globalen Finanz- und Wirtschaftskrise und den Möglichkeiten zu deren Bewältigung. Keine Halbheit; jetzt für die Politiker ein Vollzeitjob; Konjunkturpakete und Verstaatlichungsprobleme sind akut. Vielleicht entpuppt sich manches davon später noch als Halbheit. – Halbheiten (Unvollkommenheiten mit Nachholbedarf) gab und gibt es daneben auch. Deren Existenz und anderes veranlasste den Präsidenten des BVG (Bundesverfassungsgericht) Papier, die Politiker in einer Verlautbarung vom 18.02.09 zu ermahnen, sich in ihrer Gesetzgebungsarbeit um sachgerechtere Lösungen zu bemühen und eine stärkere demokratische Mitwirkung der von den jeweiligen Sachverhalten Betroffenen im Vorfeld anzustreben. – Halbheiten sollen an Beispielen demonstriert werden. 1. Beispiel: Pendlerpauschale. Zuerst ohne Km-Begrenzung. Dann nur für Entfernungen über 20 km gewährt. Protest und Klage der Benachteiligten. BVG fordert Novellierung durch die Regierung. Begründung: Verstoß gegen den Gleichheitsgrundsatz. – 2. Beispiel: Aufgrund von Klagen kommt das BSG (Bundessozialgericht) zu der Auffassung, dass die Regelsätze für Kinder im Hartz-IV-System gegen das Grundgesetz verstoßen, kritisiert werden u. a.: keine gründliche Bedarfsermittlung, keine Differenzierung zwischen Teenagern und Neugeborenen. Ergebnis: Forderung an BVG nach Novellierung. – 3. Beispiel: BVG verlangt von der Regierung eine Neuordnung bei der Betreuung von Langzeitarbeitslosen Hartz IV –. Kritisiert wird die praktizierte unterschiedliche Zuständigkeit mit der Folge »Wildwuchs an Regularien und massive rechtliche Unsicherheit bei den Leidtragenden«. – 4. Beispiel: Das BVG entschied auf Klagen von Bürgern im Wendland, dass Protest-Demonstrationen gegen Atommülltransporte zulässig sind. Verbot wird als Verstoß gegen Grundrechte gewertet. – 5. Sachverhalte, die evtl. auch als BVG- oder BGH-reif angesehen werden können. Beispiele dafür sind: Mindestlohn für Zeitarbeiter; gesetzlicher Mindestlohn generell, Zulassungen zum Studium (»Zulassungschaos«); Hochschulreform usw. Abschließender Kommentar bzw. Beantwortung der Fragen: Worin bestehen die Halbheiten allgemein und wie sind sie zu bewerten? Charakteristisch ist für die Beispiele der Dissens in den Positionen zu den Sachverhalten zwischen der Regierung und den Bundesgerichten. Diese unterschiedlichen Standpunkte ergeben sich daraus, dass manche Vorhaben der Regierenden nicht mit der nötigen Gründlichkeit und Sorgfalt vorbereitet werden. Auffallend ist, dass Grundgesetz und speziell der Gleichheitsgrundsatz nicht immer beachtet werden, ein Mangel an Kompetenz bei den Beteiligten an der gesetzgebenden Vorarbeit. Weiter ist festzustellen, dass soziale Anliegen der Menschen nicht genügend berücksichtigt werden. Bürger/-innen mit geringem Einkommen sind offensichtlich benachteiligt. Ungenügende Bürgernähe und Bürgerkontakte zur Mitwirkung an Gesetzesentwürfen lässt wiederum auf unzureichende Kompetenz bei den Politikern zur Nutzung der demokratischen Möglichkeiten schließen. – Diese kritischen Momente lassen sich vermutlich in etwa zurückführen auf einen gewissen Widerspruch im Zeitgeist heute mit seinen neoliberalen Tendenzen zum Zeitgeist der unmittelbaren Nachkriegszeit, in der das Grundgesetz entstanden ist, indem Erkenntnisse aus der Vorzeit bis zur Weimarer Republik verwertet wurden.

März '09

Die Superklasse

Zeitkritische Beobachter der Entwicklung in der Welt haben eine neue (?) Klasse entdeckt: die Superklasse (eine Art »Kräfte hinter den Kulissen«). Ausführliche Aussagen dazu finden sich in dem Buch von Giulietto Chiesa/Marcello Villari: Die globale Superklasse. – Um den Begriff etwas zu veranschaulichen, soll an einigen Beispielen deren Wirksamkeit gezeigt werden, Aktivitäten, an denen Vertreter dieser Klasse maßgeblich beteiligt sind bzw. waren. Da ist aktuell der Fall des Ex-Postchefs Zumwinkel, der im Verdacht von Steuerhinterziehung mit einer Bestrafung rechnen muss. Die Rede ist von einem Deal, einer »Absprache«, nach der anstelle Haft Geldbuße vorgesehen ist. Kapitalkräftigere werden begünstigt, Minderbemittelte haben das Nachsehen – Chancengleichheit? Gleiches Recht für gleiche Bürger? – Beispiel Erbschaftssteuer: Nach langer Diskussion gab es eine Novelle. Die Superreichen wurden von angemessenen Beiträgen verschont, dank des Einflusses von Zugehörigen der Superklasse. – Beispiel Studiengebühren: Angehörige der Superklasse sorgen dafür, dass in vielen Ländern noch Studiengebühren entrichtet werden. Chancengleichheit? Bevorzugung der nachwachsenden Elite der finanzkräftigen Gesellschaftsmitglieder. Eliteschulen mit horrenden Preisen stellen sicher, dass führende Positionen in Gesellschaft und Wirtschaft »richtig« besetzt werden. – Beispiel Mindestlohn: Wirtschaftsverbände fordern von der Regierung, auf einen Mindestlohn in der Zeitarbeiterbranche zu verzichten. Sie könnten den »Standort Deutschland« gefährden, so die Argumentation seitens der Protagonisten der Superklasse. – Beispiel: WTO Welthandelsorganisation. Jahrelang findet ergebnislos ein Disput darüber statt, dass die Agrarsubventionen der Industrieländer abgebaut werden sollen, weil durch sie die Wirtschaft der Entwicklungsländer ständig beeinträchtigt wird. So kümmern sich Vertreter der Superklasse darum, dass die Profit bringenden Subventionen erhalten bleiben. Ähnliche Aktivitäten sind von den Weltwirtschaftskonferenzen in Davos bekannt. – Weitere Beispiele werden die Leserinnen und Leser leicht finden. – Die Beispiele zeigen, dass Neoliberale überall am Werke sind, um den Reichtum der Superklasse zu sichern und zu mehren, um die wirtschaftliche und politische Macht zu behaupten. Neoliberale dieser Kategorie finden sich in informellen und anderen Organisationsformen. Vertreter der Superklasse gibt es in Stiftungen, Wirtschaftsverbänden, Denkfabriken (z. B. »Frankfurter Zukunftsrat«). Stiftungen usw. publizieren allgemein gehaltene neoliberale Thesen, z. B. zu solchen Problemen wie Privatisierung, Steuer- und Lohnregulierungen, deren reale Wirkungen im Kern vielfach auf Reichtumswachstum hinauslaufen. Günstige Wirkungsbedingungen bieten politische Koalitionen (siehe »Hartz IV«). insgesamt handelt es sich um eine diffuse Struktur, ein Beziehungsgeflecht über Grenzen politischer, religiöser und anderer Bekenntnisse hinweg, für das auch schon der Ausdruck »Schadenmanagement« gepredigt wurde. Transparenz ist keine tragende Eigenschaft dieses Milieus. – Was ist zu tun? Eine Umverteilung bietet sich an, eine Umverteilung so, dass die Schere zwischen Reich und Arm deutlich abgebaut wird!

Afghanistan – Quo vadis?

In der Diskussion ist die Frage des Einsatzes der Bundeswehr. Rückzug oder weiter so? Für die Ablehnung des weiteren Einsatzes in diesem vom Guerilla-Krieg gezeichneten Land sind erst mal alle die, die eigene Erfahrungen in ihrem früheren Leben, speziell im Zweiten Weltkrieg, gemacht haben. Aber auch viele andere vertreten heute die Ansicht, dass Krieg und militärische Gewaltanwendung jeder Art kein geeignetes Mittel zur Lösung von Problemen sind. Viele wissen aus der Geschichte, dass Krieg Not und Elend für die einfachen Menschen bedeutet. Deshalb gibt es schon viele, die primär auf Konfliktprävention setzen. Immer mehr setzt sich auch die Erkenntnis durch, dass militärischer Einsatz nicht dazu taugt, Demokratie zu entwickeln, dass vielmehr Verstärkung militärischer Kontingente zu vermehrter Gegenwehr führt. Sicher sind diese Argumente auch die Motive für die Aktivitäten der Friedensbewegung. Im Mai 2007 votierten in einer Umfrage 63 % der Deutschen für den Abzug der Bundeswehr aus Afghanistan, 77 % lehnten den Tornadoeinsatz ab! – Weitere Gründe für die Ablehnung der Fortführung des Bundeswehreinsatzes ergeben sich aus der negativen Gesamtentwicklung im Lande. In der Zeit von 6 Jahren, die die Besatzung währt, sind für die Menschen im Lande nur geringfügige Erfolge erreicht worden. Nur jedes 5. Kind kann eine Schule besuchen. 90 % der Frauen sind noch Analphabeten. Im »Bericht über menschliche Entwicklung in Afghanistan für 2007«, den das UN Entwicklungsprogramm (UNDP) jetzt veröffentlicht hat, wird u. a. mitgeteilt, dass in Kabuls Straßen 37.000 Kinder betteln und 6,6 Mio. Afghanen nicht genug zu essen haben. Die Drogenproduktion hat kontinuierlich wachsend den Stand von 92 % der Weltproduktion erreicht.

Schlimmer noch: Die Selbstmordattentate haben sich in den Jahren 2005 zu 2006 vervierfacht (2005: 27; 2006: 139).

Die Regierungsinstitutionen sind schwach und amerikaabhängig (10 Minister verfügen über USA-Pässe). Warlords verfechten ihre Interessen.

Korruption ist stark verbreitet. Insgesamt hat sich die Situation sukzessive verschlechtert. Wahrhaftig Grund genug, zur Fortsetzung nein zu sagen!

Ein weiterer Aspekt, der gegen die militärische Dominanz spricht, ist das Missverhältnis vom militärischen Aufwand zu ziviler Hilfeleistung. Viel zu wenig und regional zu unterschiedlich wird für den Wiederaufbau zur Verfügung gestellt.

Das Verhältnis der Kosten für den Bundeswehreinsatz zu denen für die humanitären Leistungen bewegt sich in der Größenordnung von 7:1 (700 Mio. pro Jahr für Militär, 100 Mio. für Entwicklung – Deutschland). Zudem hat sich herausgestellt, dass Aufbauhilfe dort am besten vonstattengeht, wo gleichzeitig keine militärische Absicherung gegeben ist. Beispiele dafür sind: Indien hat nur humanitäre Kräfte vor Ort, NGOs wie »Ärzte ohne Grenzen«, »Welthungerhilfe« und andere ziehen es vor, ohne die Begleitung durch die Bundeswehr zu arbeiten. In diesem Zusammenhang wird aber auch eingeschätzt, dass die Bundesversorgung und Sicherheitsgewährleistung ausgelastet sind. Da die Aufbaueinsätze mit den vorhandenen Kräften nicht flächendeckend wahrgenommen werden können, wird der Ausbreitung der Taliban indirekt Vorschub geleistet. Also: Ein Strategiewechsel wäre nötig!

Ein besonderes Problem sind die Taliban, extrem radikal – islamistische Widerstandskämpfer. Christof R. Hörstel charakterisiert sie in seinem Buch »Sprengsatz Afghanistan. Die Bundeswehr in tödlicher Mission« (Knaur, 2007) so: »Die Methoden, deren sie sich zur Stabilisierung ihrer Herrschaft bedienten, waren jedoch mehr als fragwürdig und sind vom Angehörigen unseres Kulturkreises derzeit nicht (und was ich hoffe: niemals) nachzuahmen«, 2001 hatten die Taliban Afghanistan verlassen, sind aber jetzt wieder Zug um Zug im Lande vorgedrungen. Sie führen einen Guerilla-Krieg in fast zwei Dritteln des Landes. Die Ursachen für diese Entwicklung sind vielfältig.

Eine Rolle spielen folgende: Die Kriegsführung mittels tornadogesteuerter Bombardements hat in hohem Maße Zivilisten, Unbeteiligte getroffen. Der Hass im Volke auf die Besatzer wird dadurch weiter geschürt und bewirkt so die Haltung der Bevölkerung, die Taliban zu unterstützen. Die Anzahl der Toten in der Zivilbevölkerung ist ein Vierfaches der Toten unter den Taliban. Ein Teufelskreis ohne Ende. Die Tornados sind in dieses Geschehen eingebunden. Über die Art der Verwendung der Fotos (500 Einsätze mit 4000 Fotos) werden die Piloten nicht informiert. Andererseits wird das Vordringen der Taliban dadurch erleichtert, dass in den umkämpften Gebieten an Aufbauleistungen kaum zu denken ist. – Die Formierung der Armee und Polizei im Dienste der Regierung unter Karzai entwickelt sich langsam und problematisch (z. B. sind etwa 20 % Desertationen zu verzeichnen). Aber es beginnt sich in der Bevölkerung zu regen. Eben, September '07, demonstrierten mehrere tausend Afghanen in der Stadt Herat im Westen des Landes für den Frieden. Neue Hoffnungen werden geweckt. Die Aussichtslosigkeit und der total verfahrene Zustand der Lage lässt solche Gedanken aufkommen. Aber im deutschen Bundestag war bisher Frieden noch kein Thema. Hier geht es nur um Fortsetzung oder Beendigung des Einsatzes der Bundeswehr. Zwar sind Vorschläge für einen Strategiewechsel – Umkehrung bzw. Änderung des Verhältnisses des Aufwands für Militär und Entwicklungshilfe – eingebracht worden. Weitergehende Ideen in Richtung Frieden waren aber noch nicht zu vernehmen. Das ist vorläufig auch nicht zu erwarten, solange die Kriegsmotivierung von der amerikanischen Hegemoniepolitik über Afghanistan von den NATO-Partnern noch unterstützt wird. – Das generelle Desaster der Situation, die Unmöglichkeit, mit konventionellen westlichen Truppen asymmetrische Kriege gewinnen zu können (so: »Zeit« Herausgabe Josef Joffe) erfordert aber dringend solche Überlegungen, Christof R. Hörstel hat in seinem Buch schon relativ konkrete Vorstellungen entwickelt, was zu tun ist, damit über einen absehbaren Zeitraum und in mehreren Etappen friedliche Verhältnisse wieder einkehren können.

»Durch ein System grundsätzlicher Souveränität und Selbstbestimmung, internationaler Garantien und uneigennützig sinnvoller massiver Entwicklungshilfe, die die jetzigen Planungen zunächst mindestens um das Dreifache übersteigt« (Hörstel, S 194) gilt es die

Schwäche Afghanistans zunächst zu reduzieren. Dass diese Ideen nicht so abwegig sind, wird z. B. dadurch bestätigt, dass jetzt, Ende September '07, der afghanische Präsident Karzai versucht hat mit den Taliban und weiteren Kräften ins Gespräch zu kommen. Die verzweifelte Lage drängt ihn dazu. – Der angedeutete Weg weist aber noch kaum zu bewältigende Hindernisse auf. In dem Buch von Hörstel werden aber dessen ungeachtet die notwendigen Schritte zu einer friedlichen Lösung ziemlich ausführlich dargestellt. Die Lektüre dieses Buches ist all denen zu empfehlen, die an einer objektiven, unvoreingenommenen Analyse der gesamten Afghanistan-Problematik interessiert sind.

Christof R. Hörstel ist seit 22 Jahren mit den Verhältnissen durch jährliche Reisen vertraut und hat gute Kontakte zu vielen an den Prozessen beteiligten maßgeblichen Personen einschließlich der Taliban.

November '07

»Globale Verteidigung – die Bundeswehr im Krieg am Hindukusch«

So lautete des Thema zu der gemeinsamen Veranstaltung des Senioren-vereins der Hochschule Wismar e. V., der Friedensinitiative Bad Kleinen, der Rosa-Luxemburg-Stiftung und von Attac Wismar am Freitag, dem 21. September an der Hochschule Wismar. Erfreulich schon, dass sich mehrere gesellschaftliche Gruppen der Zivilgesellschaft zu einer solchen Aktivität zusammengefunden haben. Vorgesehen waren Vortrag und Diskussion zu oben genanntem Thema von und mit Oberstleutnant Dipl.-Päd. Jürgen Rose. Als Offizier der Bundeswehr ist J. Rose Mit-glied des Arbeitskreises »Darmstädter Signal«, der natürlich auch zur Zivilgesellschaft der BRD zählt. Er vereinigt in sich eine beachtliche Zahl kritischer aktiver und ehemaliger Offiziere und Unteroffiziere der Bundeswehr. Prominente Mitglieder des Arbeitskreises sind u. a. Prof. Dr. Horst-Eberhard Richter, Hans Eichel (Bundesminister), Erhard (Bundesminister a. D.), Edelgard Bulmahn (Bundesministerin), Ger-not Erler (MdB) usw. Ihnen allen, aber besonders dem außerordentlich aktiven J. Rose gebührt hohe gesellschaftliche Anerkennung für Ihr En-gagement, mit dem sie ihrem Gewissen folgend sich dem Mainstream der neoliberal eingefärbten Tendenzen der Bewältigung gesellschaftlicher Probleme durch Einsatz militärischer Kräfte entgegenstellen. – Als Ziele des Arbeitskreises werden genannt (auszugsweise aus einem Material des Arbeitskreises): »absoluter Vorrang friedlicher Konfliktlösungen ... Abbau der Massenvernichtungsmittel ... keine Beteiligung an friedens-erzwingenden Kampfeinsätzen ... Stopp der Rüstungsexporte«. – Die Veranstaltung war relativ gut besucht. Bei der Bedeutung der Thematik hätten es aber ruhig noch mehr Zuhörer sein können. – Der erläuterte die Stellung der Bundeswehr zwischen UNO-Charta, Bündnisräson und Grundgesetz anhand der dazu vorliegenden offiziellen Dokumente. Dazu gehört z. B. das »Weißbuch 2006« zur Sicherheitspolitik der BRD. Grundtenor dieses Papiers ist die These, dass die Sicherheit Deutschlands von der Entwicklung in Europa und der Welt insgesamt abhängig ist und nur durch multinationales Zusammenwirken zu gewährleisten wäre. Keine Sicherheit ohne Militär wird postuliert. So werden ideologische Positionen fixiert, die der Rechtfertigung bzw. Legitimation von Auslandseinsätzen dienlich sind. Terrorismus wird einseitig definiert; Staatsterrorismus, als Kollateralschaden abqualifiziert, taucht in den Dokumenten nicht auf. – J. Rose bezifferte die Kosten für den Bundeswehreinsatz in Afghanistan auf jährlich 500 Mio. €. Aus anderen Informationsquellen ist demgegenüber bekannt, dass für die humanitäre Hilfe staatlicherseits jährlich 125 Mio. € aufgewendet werden. Ein deutliches Missverhältnis! Anhand weiterer Dokumente wies der Redner nach, dass kollektive Verteidigung gegenüber der Landesverteidigung eine Vorrangstellung einnimmt. Manche Bestimmungen in den Dokumenten wie z. B. die Forderung nach Gewaltverzicht, Verbot von Angriffskriegen, Neutralitätsverpflichtung u. a. lassen ihre Einhaltung auch manchmal vermissen. Überhaupt herrscht, so der Redner, eine gewisse Zweck-Definitionsweise. Nicht vergessen wird in den Dokumenten die Motivation von Militäreinsätzen durch die Sicherung des freien Handels und Warenverkehrs weltweit, womit wir den eigentlichen Zielen des Dokumentenpapiers näher kommen. Schließlich wurden vom Redner Handlungsoptionen vorgestellt, die vornehmlich Aktivitäten einzelner Personen oder Gruppen mit verbal agitatorischen und demonstrativen Initiativen bestrafen. – Zusammenfassend lässt sich sagen: Im Mittelpunkt der Ausführungen von J. Rose standen die rechtlichen Probleme und Interpretationen von Dokumenten der UNO, NATO und BRD, die der Legitimation der derzeit weltweit agierenden militärischen Kräfte dienen. Dabei wurde vor allem die Erkenntnis vermittelt, dass für die Auseinandersetzung mit den Weltproblemen der Einsatz militärischer Kräfte eine dominierende Rolle spielt, während alternative Varianten, Konfliktprävention und Ideen zur humanitären Gestaltung der Lebensweise der benachteiligten Völker kaum berücksichtigt werden.

In der Diskussion wurde eine Reihe von Detailfragen erörtert. Von manchen Teilnehmern wurde es als Mangel empfunden, dass die konkrete

Situation am Hindukusch kaum Anklang fand. Vielleicht war auch die Formulierung der Thematik nicht ganz glücklich gewählt. Unter anderem wurde das Bedauern darüber zum Ausdruck gebracht, dass es nicht möglich sei, den Entscheidungsprozess über die Fortsetzung des Bundeswehreinsatzes durch ein Referendum nachdrücklich zu beeinflussen. Gerade in diesem Fall, da die Bundesbürgerinnen in Umfragen sich mehrheitlich für den Truppenabzug geäußert und die Mehrheit der Parlamentarier sich höchstwahrscheinlich für die Fortsetzung dieses Einsatzes aussprechen wird, wäre eine solche Option am Platze. Die Zivilgesellschaft sollte sich für eine entsprechende Änderung des Grundgesetzes engagieren. Bleibt noch festzuhalten: Die Teilnehmer hatten Gelegenheit, eine Petition an den Bundestag zu unterzeichnen, in der ihr Protest gegen die Fortführung des Bundeswehreinsatzes in Afghanistan gefordert wird.

... und die UNO?

Der aufmerksame Beobachter des Weltgeschehens der letzten Zeit, insbesondere des Trubels um den 60. Jahrestag der Gründung der NATO, wird vielleicht bemerkt haben, dass dazu keinerlei Äußerung seitens der UNO oder auch über die UNO zu vernehmen war. Das Thema Kooperation NATO – UNO in der Frage des Atomwaffen-Abrüstungs-Projekts war tabu. Präsident Obama, mit Vorschusslorbeeren reich bedacht, erklärte seine »Führungsbereitschaft« mit Hilfe der NATO den Anspruch der USA auf eine dominante Rolle in der Weltpolitik. Wird damit nicht die Kompetenz der UNO in Frage gestellt? – Die UNO ist aber die Organisation universalen Charakters, die vom Völkerrecht mittels der UN-Charta legitimiert ist, Frieden und Sicherheit in der Welt zu gewährleisten. Mit ihren 191 Mitgliedern/Staaten ist die UNO die demokratische Institution, die global wirken kann und dazu alle Aktivitäten zur Sicherung des Weltfriedens zu bündeln vermag. Leider verfügt die UNO derzeit nur über eine begrenzte Handlungsfähigkeit, bedingt durch innere, strukturelle Probleme; so z. B. durch den Fakt, dass die Zusammensetzung des Sicherheitsrates nicht mehr den in der Welt gegebenen Verhältnissen entspricht. Schwellenländer und Dritte-Welt-Staaten sind nicht angemessen vertreten. Das zu verändern wäre eine aktuelle Aufgabe der Politik; denn ein exakt funktionierender Sicherheitsrat macht den Anspruch der NATO auf Gewährleistung der Sicherheit weltweit gegenstandslos. Damit könnte das Nebeneinander von USA/NATO zur UNO ein Ende finden. Die UNO hat entsprechend ihrer Satzung das Recht und die Kompetenz, der Vielfältigkeit der Konfliktursachen mit weitreichenden Reaktionsmöglichkeiten zu begegnen. – Die NATO könnte für die Wahrnehmung dieser Aufgabe ausscheiden. Allerdings vertritt die NATO mit ihren 28 Mitgliedsstaaten auch noch andere Interessen. In Vergangenheit und Gegenwart hat sie ihre Zielstellungen mit zum Teil völkerrechtswidrigen militärischen Operationen verfolgt. Entgegen ihrem ursprünglichen Verteidigungsauftrag haben die USA mit ihren Trabanten Zug um Zug ihren territorialen Einflussbereich mit NATO-Mitgliedern erweitert und daher als »Topthema« die Sicherung vor allem der Energieressourcen für den »Westen« betrieben. Die ohne stichhaltige Gründe kriegerischen Einsätze in Jugoslawien, Irak und Afghanistan sind in der Welt auf vielfache Proteste gestoßen und haben besonders die Friedensbewegung auf den Plan gerufen. Auch mit dem Amtsantritt des US-Präsidenten Obama ist noch keine tatsächliche Änderung in der internationalen Politik zu erkennen. Eben sollen wieder 17.000 Soldaten mehr in Afghanistan eingesetzt werden; 83,4 Mio. US-Dollar sind zusätzlich dafür bereitgestellt worden. Chance? Neue Strategie? – Wie lange soll das Deutschland noch mitmachen? Tausende von Menschen sind Opfer dieser unsäglichen Kriege. Begegnet kann dieser aussichtslosen Fortsetzung des Krieges durch den Austritt von Staaten aus der NATO werden. De Gaulle hat dieses Vorgehen seinerzeit 1962 teilweise schon einmal über einen langen Zeitraum praktiziert. – Jeder sollte einmal versuchen, die Fragen zu beantworten: Wem nützt eigentlich die Mitgliedschaft in der NATO? Friedensbewegung und andere fordern anlässlich der Ostermärsche die Auflösung der NATO! Stärken wir die UNO; dann brauchen wir keine NATO!

Gesellschaft – Geschichte

Noch einmal zum »Unrechtsstaat«

20 Jahre nachdem die DDR von der Weltbühne verschwand, ist der Streit um den Charakter ihres Herrschaftssystems von neuem entbrannt. MV-Ministerpräsident Sellering äußerte, die DDR sei kein »totaler Unrechtsstaat« gewesen. – Was war wohl sein Motiv, diese Frage wieder aufzuwerfen? War es das Gespür, dass viele Hiesige auch so denken und damit als potenzielle Wähler in Frage kommen? Die DDR noch als Wahlkampfhelfer? Der gesunde Menschenverstand der Bevölkerung im Osten kann sehr wohl die Situation in den Lebensverhältnissen in der DDR und der heutigen BRD empfinden und bewerten. – Der Begriff Unrechtsstaat ist aus mehreren Gründen für die Historie, die heutige politische Praxis und für die Zukunft untauglich. Kein Geschichtswissenschaftler würde den Begriff benutzen. Unrechtsstaat, Schurkenstaat, Stasi-Staat sind pauschale Urteile, die jegliche differenzierte und auch komplexe Analyse vermissen lassen. Dass dem Begriff die Wissenschaftlichkeit abgeht, ist auch im Völkerrecht erkennbar. Saßen nicht Vertreter der DDR und der BRD gemeinsam in der UNO? Gab es nicht über Jahre diplomatische Beziehungen zwischen der BRD und der DDR? War nicht Erich Honecker zum Staatsbesuch in Bonn und anderswo? Ein anderer Aspekt: Es kursieren Auffassungen, die die DDR und das NS-Regime in einem Atemzug nennen. Auch das ist ein Irrweg. Die politischen Ansätze/ Ausgangspositionen dieser beiden Systeme waren diametral verschieden. Während das »Dritte Reich« von vornherein und generell seinen imperialen Anspruch vertrat – »Volk ohne Raum« – und die gewaltsame Beherrschung anderer Völker beabsichtigte, war die DDR mit dem Ziel angetreten, dem Sozialismus eine Chance zu geben und auf der Basis von Gemeineigentum eine friedfertige Gesellschaft aufzubauen. Das war für die Menschen im Osten ein vollkommen neues Gesellschaftsmodell, das bei den gegebenen Ausgangsbedingungen nicht gleich Anklang finden konnte. Während der Westen die volle Unterstützung der USA genoss, musste der Osten für die Reparationen des Zweiten Weltkrieges auf-

kommen. – Noch ein anderer Gesichtspunkt spielt eine Rolle: Die DDR war nicht allein auf der Welt. Sie gehörte zum so genannten »sozialistischen Weltsystem«. »Von der Sowjetunion lernen« war ein Slogan, der Positives und Negatives für die DDR mit sich brachte. Die »Front« der DDR nach dem Westen mit seinem »Wirtschaftswunder« brachte auch Irritationen mit sich. So wurden die Entwicklungsbedingungen der DDR dahingehend beeinflusst, Initiative und Kreativität der Menschen nicht genügend zur Geltung kommen zu lassen. Bevormundung, Kommandowirtschaft und wenig Toleranz für kritische Positionen brachten Gleichgültigkeit und Widerspruch, aber auch Suchen nach Alternativen mit sich. Trotz alledem: Die DDR war nicht pleite 1989 und Bettler gab es in der DDR auch nicht. – Der Sozialismus wurde seiner ursprünglichen Anliegen entfremdet. Dieser Weg führte schließlich dazu, dass die DDR mit anderen scheiterte. – Und heute: Eine Gegenüberstellung der Gesellschaftsverhältnisse zeigt auf der einen Seite relativ positive soziale Lebensbedingungen, keine Arbeitslosigkeit, Bildung für alle, soziale Sicherheit usw. Auf der anderen Seite haben wir Existenzunsicherheit, eine gewaltige Kluft zwischen Arm und Reich, prekäre Arbeits- und Lohnbedingungen und krisenhafte neoliberale Wirtschaftsverhältnisse, einen großen Crash – Kinderarmut und ungleiche Bildungschancen. – Der Kapitalismus meldet Insolvenz an!

Erinnerungskultur – Erinnerungspolitik

Das vom Bundestag im November '07 beschlossene Vorhaben der Errichtung eines »Freiheits- und Einheitsdenkmals« zur Erinnerung an die Wendezeit und ihren friedlichen Verlauf im Herbst 1989 wirft eine Reihe von Fragen auf und lässt eine Reihe von Gedanken zur Wertung der Vorgänge zur Diskussion aufkommen.

Fragen sind: Worin besteht der Sinn des Denkmals für die heutigen Bürger/ Bürgerinnen? Wie war das Geschehen um den 9. November '89, das Umfeld, die Akteure und die Auswirkungen danach? Wann ist der geeignete Zeitpunkt, eine solche Aktivität der Erinnerungskultur zu realisieren?

Hunderttausende waren im Herbst 1989 im Aufbruch, um für eine andere DDR einzutreten, eine DDR, in der Freiheit, Demokratie und Menschenrechte voll zur Geltung kommen sollten. Die Losungen »Schwerter zu Pflugscharen« und »Wir sind das Volk« brachten den Willen des Volkes zum Ausdruck. Der Staatssozialismus war nicht mehr in der Lage, die anstehenden Probleme zu lösen. Das gesamte »sozialistische Lager« befand sich im Umbruch.

Gegen das SED- Regime aufzutreten war für alle Oppositionellen mit erheblichen Gefahren verbunden, wie der Umgang mit Andersdenkenden in der Vorgeschichte zeigte. Deshalb erforderte es ein hohes Maß an Mut und Zivilcourage, sich an den Demonstrationen und Aktionen gegen das herrschende System zu beteiligen. Die Ostdeutschen allein waren es, die die Initiative ergriffen, das Alte zu überwinden. Ihr selbstloses Engagement ist für alle Zeiten beispielgebend und sollte als der tiefere Sinn dieses Denkmals gewertet und verstanden werden. Das ist mehr als Erinnerung. Auf diese Weise kann das Vorhaben nur positiv betrachtet werden. Freiheit und Einheit im Namen des Denkmals deuten darauf hin, was die Menschen bewegte.

Freiheit hat viele Gesichter. Sie ist abhängig von bestimmten Voraussetzungen, die mit den gesellschaftlichen Umständen und Bedingungen gegeben sind. – In der DDR haben Kommandowirtschaft, Intoleranz und ideologische Bevormundung wenig Spielraum für Freiheit gelassen. Meinungsfreiheit war ins Nischendasein verbannt. Mit dem Umbruch erlangte die Freiheit in der kurzen Zeit der »Noch-Existenz« der DDR einen ganz neuen positiven Stellenwert. Die demokratischen Freiheiten belebten die Gedanken und Gefühle der Ostdeutschen und ließen viel Hoffnung auf ein besseres Leben aufkommen. – Mit der zunehmenden Anpassung der Verhältnisse an das kapitalistische System des Westens veränderten sich auch die Voraussetzungen zur Wahrnehmung der Freiheitsmöglichkeiten. Jetzt ist Freiheit auf vielen Gebieten abhängig von der Stellung des Einzelnen in dem Spektrum von Arm und Reich. Was nützt dem Hartz-IV-Empfänger die Reisefreiheit, wenn er eine Reise nicht finanzieren kann? Was nützt dem Schulabgänger die Freiheit der Berufswahl, wenn er keinen Ausbildungsplatz findet? Was nützt dem Arbeitslosen die Freiheit, wenn er keinen neuen Arbeitsplatz findet? Freiheit ja, aber nicht für alle! Viel Freiheit, aber mehr formal als real. – Der Blick in die Zukunft lässt für Freiheit eine vollkommenere Verwirklichung erhoffen. Globalisierungskritiker (die nicht nur Kritiker sind) und andere, die sich in den Weltsozialforen zusammenfinden, hegen Vorstellungen von einer anderen Welt, einer Welt, geprägt von Menschenwürde, Demokratie und Gerechtigkeit für alle Menschen. Felix Ekardt sagt dazu in seinem Buch »Wird die Demokratie ungerecht?«:

»Demokratie ist ein Gerechtigkeitsgebot, und zwar universal und kombiniert mit den Argumenten für globale Gerechtigkeit. Denn wenn alle Menschen gleich zu respektieren sind, müssen sie auch gleichermaßen Anteil an der gesellschaftlichen Konfliktlösung haben.« (S. 115) Einheit, das staatsrechtliche Ergebnis des Wendeprozesses, war bis Ende 1989 noch kein Thema. Egon Bahr bezeugt: »Die Einheit stand 1989 nicht auf der Tagesordnung.« (Egon Bahr: »Zu meiner Zeit«) Erst die Verlockung mit der D-Mark, die Prophezeiung »blühender Landschaften« und die Zustimmung seitens Gorbatschows zur Vereinigung brachte diese dann zustande. Was dann folgte, war eine »Übernahme« sondergleichen. Die große »Koalition der Liquidatoren« mit ihrem Instrument »Treuhand« sorgte dafür, dass das Volkseigentum der DDR zu Spottpreisen zu 85 % an Westdeutsche veräußert wurde. Enteignung und Privatisierung waren an der Tagesordnung. Damit wurde auch die DDR-Konkurrenz im In- und Ausland ausgeschaltet. Diesen ganzen Prozess bezeichnet Michael Schneider in seinem Buch: »Die abgetriebene Revolution« mit dem Untertitel: »Von der Staatsfirma in die DM-Kolonie.« Noch heute zeigen sich die Auswirkungen der damaligen beispiellosen neoliberalen Vorgehensweise. – Immer noch gibt es nach 17 Jahren gravierende Unterschiede zwischen den »neuen und alten Bundesländern«. So z. B. bei den Sozialleistungen für Hartz-IV-Betroffene; Löhne und Gehälter differieren nach wie vor um ca. 20 %; die Zahl der Arbeitslosen ist ungefähr im Osten doppelt so hoch wie im Westen; die Abwanderung junger Menschen hat sich nicht verringert. Gibt es irgendwelche sachliche Gründe, die diese Unterschiede rechtfertigen? Wie lange soll dies noch so bleiben?

Diese Ergebnisse der jüngeren historischen Entwicklung mit einem Denkmal auch für die Einheit zu würdigen, ist zumindest fragwürdig. Wenn auch die Einheit früher oder später vielleicht unter anderen Umständen (Konföderation?) zustande gekommen wäre. Andererseits ist auch zu bedenken, dass mit der fortschreitenden Globalisierung und der weiteren Stärkung der EU die Bedeutung der Nationalstaaten allmählich nachlässt und die Großmacht der Konzerne immer mehr das Geschehen auf der Weltbühne bestimmt.

Bleibt noch eine Bemerkung zu dem Zeitpunkt für die Errichtung des Denkmals. Erinnerungen verblassen, die gesellschaftlichen Verhältnisse befinden sich im stetigen Wandel. Der jeweilige Zeitgeist beeinflusst die Interpretation der Anliegen der Erinnerungskultur. Markante Beispiele zeigen, dass Denkmäler in zeitlich sehr großem Abstand zu dem Ereignis entstanden. So z. B. das Völkerschlachtdenkmal in Leipzig. 1813 war dort der entscheidende Sieg über Napoleon. Das Denkmal wurde in den Jahren 1898 bis 1913 erbaut, ein Omen in der Blütezeit des deutschen Imperialismus. – Das Holocaust-Denkmal, welches das Gedenken an die Vernichtung der Juden bewahren soll, erinnert an die Jahre 1938–45 und wurde erst mehr als 50 Jahre danach eingeweiht, zu einem Zeitpunkt als in Deutschland wieder Nazismus und Antisemitismus aufkeimten. – Der Bauernkrieg 1524–26 nahm gar erst rund 500 Jahre danach mit dem Denkmal in Frankenhausen Gestalt an. Es galt der Würdigung des Aufstandes der Bauern gegen Feudalherrschaft und Ausbeutung. Der »Arbeiter-und-Bauern-Staat« der DDR nahm sich dieser Aufgabe an. – Diese Beispiele zeigen, dass bei bedeutenden Ereignissen oft eine lange Zeit vergangen ist, bevor die Erinnerung daran eine sinnfällige dem Zeitgeist entsprechende Form gefunden hat. Ob nicht das »Freiheits- und Einheitsdenkmal« auch noch etwas hätte warten können?

November '07

Zur Diskussion: DDR-Geschichte

Anlässlich des 47. Jahrestages des »Mauerbaus« wurde im Deutschlandfunk am 13.08.08 der Ministerpräsident von MV Harald Ringstorff in einem interview zu seinen Eindrücken von damals befragt. Er zeichnete ein ausgewogenes Geschichtsbild der DDR mit positiven und negativen Seiten. Auch andere Darstellungen zu diesem Thema sind im Gespräch. So eine Studie zu dem Schülerwissen über die DDR. Deren Ergebnisse leisten aber kaum einen Beitrag zur politischen Bildung im Sinne eines rationalen historischen Denkens, weil diese Studie von Anlage und Fragestellung her mehr zur Delegitimierung der DDR neigt.

Zum Verständnis der Geschichte der DDR gehört es m. E., dass die Geschichte der beiden Teile Deutschlands im Zusammenhang im gleichen Zeitraum (1945–1989) betrachtet wird (Bemühungen um Wiedervereinigung – 1949 Staatenstatus usw.). Der Ausgangspunkt der unterschiedlichen Entwicklung der beiden Teile Deutschlands war der Zweite Weltkrieg. Es ergab sich daraus eine Periode der »Anpassung« an die Politik, wirtschaftlichen Verhältnisse und Ideologien der Besatzungsmächte. Das Bestreben der Westmächte war es, die Bundesrepublik mit der NATO in die Konfrontation mit der SU einzubringen. Der Marshallplan als Initialzündung für die Wirtschaft sollte dabei mithelfen. Der Kalte Krieg beeinflusste sodann das Verhalten der beiden Teile Deutschlands. Im Osten wurde allein erst Wiedergutmachung geleistet und zugleich daran gegangen, einen sozialistischen Staat aufzubauen. Vom Vorbild SU wurde vieles übernommen. Die sozialistischen Lebensbedingungen in der DDR (sichere Arbeitsplätze, Festpreise usw., usw.) verursachten auch im Westen moderates soziales Verhalten. Die BRD wurde 1949 zuerst in die staatliche Fasson gebracht. Die DDR folgte unmittelbar. – In der DDR wurde die Politik von der SED beherrscht. Nach dem Muster der SU wurde eine Kommandowirtschaft installiert, die letzten Endes dazu führte, dass die Kreativität und Initiative der Bürger immer mehr eingeschränkt wurden und damit die anfänglich positive Entwicklung allmählich ins Negative abglitt. Diese Reglementierung erstreckte sich auch auf Kultur, Wissenschaft und das Denken überhaupt und bewirkte dadurch eine Stagnation auf vielen Gebieten. »Gefördert« wurde dieser Prozess durch die Existenz und das Wirken eines Staatssicherheitsdienstes, der dafür sorgte, dass die »Linie« der Partei nicht beeinträchtigt wurde. Dass die dabei praktizierten Methoden dem Grundanliegen eines demokratischen Sozialismus diametral entgegenliefen, gehört zur Tragik der Entwicklung der DDR. Schließlich führte diese Entwicklung im Zuge des Zusammenbruchs des sog. Sozialistischen Weltsystems auch dazu, dass die DDR ihr Dasein aufgeben musste. Wer sich weiter informieren möchte, lese: Michael Schneider: Die abgetriebene Revolution (Von der Staatsfirma in die DM-Kolonie); Siegfried Wenzel: Was war die DDR wert? Olaf Baale: Abriss Ost.

Oktober '08

Kontext zum Dok.-Zentrum »Flucht und Vertreibung«

»Dokumentationszentrum zu Flucht und Vertreibung« nennt sich das Projekt der Bundesregierung, das an das menschliche Leid der davon Betroffenen erinnern und Gedanken wach halten soll, die dieses Geschehen in die weiteren Zeitläufe einzuordnen vermögen. Nur in diesem »Kontext« kann der Wertung dieser Vorgänge ein historisch gerechtes Bild abgewonnen werden. Dieser »Kontext« ist es, der das fragwürdige, zu eng gefasste Geschichtsbild des »Bundes der Vertriebenen« Vertreibung gleich Unrecht – geraderücken soll. – Die Forderung nach Kontext entstand als Kompromissformel zwischen B. d. V. und Regierung, die diese Sonderlösung »Dokumentationszentrum« ermöglichen soll. Die jahrzehntelange Lobbyarbeit der Vorsitzenden des B. d. V., Erika Steinbach, hat damit nach langem Hin und Her und Beschwichtigung der polnischen Regierung und Öffentlichkeit Früchte getragen. – Die Frage ist, welche Aussagen der Kontext erbringen wird. Anregungen dazu sollen die folgenden Ausführungen geben. – Golo Mann schreibt schon 1958 in seinem Werk »Deutsche Geschichte des 19. und 20. Jahrhunderts«: »Man wird gut daran tun, Ereignisse und Entscheidungen zwischen 1939 und 1947 als eine einzige Unglücksmasse, als eine Kette böser Aktionen zu sehen.« Dazu konkret: Kontext: Unter den 50 Millionen Toten des Zweiten Weltkrieges sind u. a. 6 Millionen Polen, 20 Millionen Sowjetbürger. Die Kriegsjahre waren zugleich die Jahre der Vernichtung von Juden und Slawen. 1939 lebten in Europa 9,5 Millionen Juden, 1945 nur noch 3,5 Millionen. Der Historiker Kurt Pätzold, der sich forschungsmäßig intensiv mit dem Massenmord an den Juden und den polnischen Verhältnissen beschäftigt hat, schreibt in seinem Buch »Die Geschichte kennt kein Pardon«: »Es gibt kein anderes Volk in Europa, über das die Deutschen in mehr als fünf Jahren Krieg und Besatzung soviel Unheil gebracht hätten, wie über das polnische«. (S. 193). 400.000 Menschen starben unter dem Bombenhagel der Luftangriffe. 35 Millionen Kriegsversehrte waren zu verzeichnen. – Diese Fakten und weitere andere nicht genannte bezeugen die eigentliche und eindeutige Urheberschaft für den vom faschistischen Deutschland ausgelösten Zweiten Weltkrieg. Dieser war Ursache des Tötens, Leids, Unglücks und Verbrechens. – Aus Golo Manns Gedanken ist zu folgern, dass ein Herauslösen einer einzelnen Ereigniskette, wie Vertreibung, Verschleppung, Umsiedlung, aus diesen komplexen, in sich wechselseitig verflochtenen historischen Vorgänge zwangsläufig zu einer ungleichgewichtigen Wertung von Einzelheiten führt. Diesen Gedankengang weiterverfolgt ergibt die Schlussfolgerung, dass Flucht und Vertreibung nicht als eine besondere Dokumentation vermittelbar ist. Museen mit »Kontext-Vorleistungen« bieten die Möglichkeit einer sinnvollen Einordnung der Flucht- und Vertriebenenproblematik. – Mit einer solchen Lösung wird auch erreicht, dass andere Gruppen von Kriegsgeschädigten, wie die Kriegsgefangenen und die Opfer der Luftangriffe und die Ausgebombten, nicht »benachteiligt« werden. Vermutlich fehlte es denen an engagierten Protagonisten.

Ein Kapitel »Kontext« ist das Wirken des »Bundes der Vertriebenen« (B. d. V.) selbst. Noch lange Zeit nach dem Ende des Zweiten Weltkrieges zogen deutsche Regierende und B. d. V. an einem Strang. Volle Harmonie bestand zwischen der offiziellen Politik und den revisionistischen/revanchistischen Positionen des B. d. V. Erich Fromm[8] hat diese Phase quasi als »Zuarbeit« zu dem vorgesehenen »Kontext« ausführlich beschrieben. So 1961: »Der deutsche Nationalismus und das Geschrei um die Rückgabe der »gestohlenen Gebiete« haben nicht abgenommen ... Die Regierung der Bundesrepublik hat wiederholt ausdrücklich erklärt, dass sie die provisorisch gezogenen Grenzen von 1945 nicht anerkennt.« 1965: »Wie sieht es aber heute aus? Deutschland hat seine Armee so sehr ausgebaut, dass sie ... bereits die zweitstärkste in Europa ist. Deutschland verlangt mit immer größerem Nachdruck die Rückgabe der Gebiete Ostpreußen und Schlesien.«[9] immer noch wurde die Hoffnung genährt,

---

8   Erich Fromm : Ethik und Politik, S. 148
9   ebenda, S. 185

dass ein künftiger Friedensvertrag zu einer Veränderung der Situation führen könne. Die Zeit machte aber allmählich derartige Hoffnungen zunichte, insbesondere war es die Entwicklung hin zu einer Europäischen Union, die dazu beitrug. Aber auch dann noch wurden die Treffen des B. d. V. hofiert, vornehmlich um der Wählerstimmen willen. Noch heute hat der B. d. V. 2 Millionen Mitglieder. Jetzt endlich musste die revanchistische Position aufgegeben werden. Übrig blieb das Vorhaben Dok.-Zentrum mit seinem Kontext. – Ein weiteres Kapitel für den Kontext ergibt sich aus dem Kriegsverlauf insgesamt und speziell im Osten. In mehreren Etappen entsprechend dem fortschreitenden Vorrücken der sowjetischen Verbände haben die Deutschen im Osten die Flucht ergriffen, wurden vertrieben oder später umgesiedelt. Allen gemein ist, dass sie ihre Heimat, ihre Existenz und ihr Hab und Gut verloren haben. Dem subjektiven Schicksal dieser Menschen gebührt von allen heutigen Deutschen ein aufrichtiges Mitempfinden. – Als Täter wurden in erster Linie die ausgemacht, die die unmittelbaren Ausführenden waren. Das waren noch im Kriege die Organe der nazistischen Partei und Regierung und nach dem Kriegsende die Beauftragten der Regierungen in Polen und der Tschechoslowakei. Für die eigentlichen Urheber galt noch weitgehend ein Tabu. Das faschistische Deutschland als Haupt-Urheber des Geschehens und mittelbar die Antihitlerkoalition, die Sieger des Zweiten Weltkrieges blieben im Hintergrund. Letztere, die Alliierten, waren es, die in Jalta und Potsdam, aufgrund ihrer Sieger-Macht-Position die Grenzregelungen im Osten trafen und damit die »Völkerwanderung« der Polen aus der Ukraine nach Westpreußen und die der Deutschen von da ins Reichsinnere verursachten. Treibende Kraft hinter diesen Grenzverlagerungen war die SU mit ihrem stark ausgeprägten Sicherheitsbedürfnis (nicht unbegründet, siehe Bruch des Hitler-Stalin-Paktes durch Deutschland). Der Hauptauslöser des Weltbrandes wurde bereits benannt. Aber zeitlich noch weiter zurück sollte im Kontext auch noch sichtbar werden, dass bereits 1933 das Bündnis von Großkapital und NS-Herrschaft begründet wurde und als Voraussetzung für das Kommende wirksam wurde.

Nicht zu unterschlagen ist in dieser oder jener Art (Dok.-Zentrum oder Einordnung in Bestehendes) der Dokumentation das Verhalten der deutschen Bevölkerung vor dem Kriege und nach dem Kriege. Ein weiteres Kapitel »Kontext«, bisher weitgehend tabu. – Das NS-Regime wurde vom überwiegenden Teil der Deutschen akzeptiert, toleriert oder gestützt. Das ist vielfach nachgewiesen, im deutschen Volk vertreten waren fanatische Anhänger des Nazismus, Begeisterte, Opportunisten (Mitläufer, Gleichgültige und Widerstandleistende). Diese differenzierte »Gefolgschaft« schließt auch jene Deutschen ein, die in den betroffenen Ostgebieten zu Hause waren. Summa summarum ist eine Mitschuld bzw. Mitverantwortung für den Krieg und seine Folgen nicht zu negieren. Ralph Giordano charakterisierte als die »zweite Schuld der Deutschen den großen Frieden mit den Tätern«, erkennbar daran, »dass die meisten Bundesdeutschen überhaupt nichts dagegen hatten, in der Gesellschaft unbehelligter Schreibtischmörder, Ausbeutern von Sklavenarbeit und Wehrmachtgenerälen zu leben, die Beihilfe zum Völkermord an Millionen Juden und Slawen geleistet hatten«[10]. – Andererseits gehört aber vor allem auch zum Kontext die Erinnerung an den Widerstand. Das ist ein Kapitel, das vielfach einseitig mit dem 20. Juli '44 historisch abgearbeitet wird. Widerstand war weit mehr. – Kommunisten, Sozialdemokraten und Oppositionelle aus dem bürgerlichen Lager führten aus unterschiedlichen Motiven einen opfervollen Kampf. Schon unmittelbar nach der Machtübernahme 1933 wurden an die 30.000 der Ersteren (von KPD und SPD) umgebracht. Kein Tabu für den »Kontext«. – Abschließend lässt das Geschehen noch offen, ob der Begriff »Vertriebene« eine den Ereignissen adäquate Deutung zulässt. Der Begriff verweist zuerst auf die Unmittelbarkeit der Ausführung. Das Tragische und Gewaltsame der Vorgänge steht im Vordergrund. Die Ausführenden, die im Auftrag ihrer Regierungen in Polen und der CSSR handelten, stehen im Vordergrund; die eigentlichen Urheber sind nahezu im Tabubereich. Die

---

10 Michael Schneider: Die abgetriebene Revolution, S. 36

Schuldzuweisungen an diese Regierungen sind an die falsche Adresse gerichtet. Damit wird gedanklich eine Ablenkung von den Hauptschuldigen bewirkt. Der Ausdruck lässt auch zudem keine Nuance von Mitschuld der Betroffenen aufkommen. Eher ist das Gegenteil der Fall, wenn die langjährigen revanchistischen Positionen des B. d. V. anklingen. Trotz alledem sollte eine Differenzierung des Begriffs »Vertriebene« angebracht sein. Nicht für alle sind die gedanklich-sprachlichen Einwände gültig. Es wäre absurd, den Juden und allen Todesopfern eine Mitschuld anzulasten! Die Tauglichkeit des Begriffes ist demnach zumindest problematisch. Die in der DDR benutzte Bezeichnung »Umsiedler« ist demgegenüber sachlicher, weniger emotionsgeladen und hat auch das »Ankommen« in der neuen Umgebung erleichtert, in beiden deutschen Staaten wurde viel getan, um den Ankömmlingen Lebens- und Arbeitsbedingungen zu verschaffen, die ihnen ein neues Dasein gewährten. Als Beispiel sei nur genannt, dass in der DDR 37.000 Neubauernhöfe bereitgestellt wurden.

Mai '08

Patriotismus?

Patriotismus – Vaterlandsliebe – war kürzlich das Thema einer Talkshow bei Maybritt Illner. Was die Motivation für dieses Thema hätte sein können, ist mir entgangen oder mir nicht recht erkennbar gewesen. Bedarf es vielleicht des Patriotismus, um Deutschland mehr aus der großen Krise herauszuhelfen – oder? Damit sind wir beim Thema: Engagement für Belange des Staates (?), des Landes, seiner Menschen und Stolz auf die Leistungen aus diesen Sphären sind Merkmale, die Patriotismus zugeordnet werden können. – Im Ergebnis der Diskussion bekannten sich zwei Teilnehmer ausdrücklich zu Patriotismus jetzt; die Übrigen vertraten den Standpunkt, dass es jedem überlassen bleiben sollte, sich dazu zu positionieren – In der Diskussion sind m. E. wichtige Aspekte zu wenig oder nicht zur Sprache gekommen. – So ist die historische Betrachtung unterbelichtet geblieben. Patriotismus wurde schon im Kaiserreich von 1870 bis 1918 und später wieder im »Dritten Reich« benutzt, um die Menschen für die imperialistischen Ziele und Kriege der Herrschenden einzuspannen. Das war ein Pseudo-Patriotismus, ein Missbrauch für Vorhaben, die Macht und Vorherrschaft/Unterdrückung über andere Völker betrafen. Sehr langen Zeiträumen diente also dieser Patriotismus menschenfeindlichen Aktivitäten. Weniger gewichtig sind daneben aber auch Leistungen auf kulturellem und wissenschaftlichem Gebiet zu sehen, für die durchaus Anerkennung/Würdigung gerechtfertigt ist. – Heute ist Patriotismus aber besonders unter dem Gesichtspunkt zu sehen, dass wir uns in einer Entwicklung befinden, in der die Belange der einzelnen Länder mehr und mehr der solidarischen Einordnung in größere Zusammenhänge zustreben, Europa steht als Staatengemeinschaft auf dem Programm. Alle Handlungen der einzelnen Länder sollten dem Gedanken des gemeinsamen Nutzens untergeordnet sein; gegenseitiger Schaden und Übervorteilung sind nicht mehr gefragt. Das entspräche vielleicht mehr einem europäischen Patriotismus? – Weiter bedürfte

Patriotismus heute auch der Wertung der gegenwärtigen Umstände, unter denen wir leben. Da gibt es allerdings eine Reihe von Fakten, die wenig geeignet sind, stolz darauf zu sein. Das sind z. B. solche Tatbestände negativer Art wie: Die Kluft zwischen Arm und Reich, die die soziale Misere kennzeichnet. Die Teilnahme an militärischen Einsätzen in der Welt gehört auch dazu. Diese Aktivitäten werden von der Mehrheit der Deutschen wohl kaum befürwortet. Die vielgepriesene Demokratie hat auch ihre Defizite: Wahlen, an denen nur noch im Schnitt etwa 50 % der Bürgerinnen und Bürger teilnehmen, keine Volksbefragungen zu entscheidenden Problemen wie dem Europa-Vertrag. Jetzt erleben wir das Gezerre um die Behebung der Folgen der Finanz- und Wirtschaftskrise. Alles das bietet keine rationelle Basis für einen Patriotismus. – Insgesamt ergibt sich daraus die Frage nach der Existenzberechtigung von Patriotismus, die wohl eher zu verneinen ist. Die Bedingungen und Voraussetzungen für Aktualität sind nicht gegeben. Ein solidarisches Europa und eine globale Solidarität sind jetzt die erstrebenswerten Ziele.

Februar '09

Wertegemeinschaft?

Benutzt wurde der Ausdruck u. a. im Zusammenhang mit dem Georgienkonflikt, indem die Bundeskanzlerin Russland aufforderte, seine Zugehörigkeit zu dieser Wertegemeinschaft durch politische Zugeständnisse in der Georgienproblematik zu bekunden. Prompte Reaktion darauf erfolgte durch Präsident Putin in einem Interview mit Thomas Roth. Putin sagte zu den gemeinsamen Werten: »Es gibt einige grundlegende Werte, wie das Recht zu leben. In den USA gibt es immer noch die Todesstrafe, in Russland und Europa gibt es sie nicht.« Und an anderer Stelle im Interview äußert sich Putin zur Pressefreiheit und kritisiert die Willkür in der Berichterstattung über Georgien. – Das Interview selbst wurde zuerst nur erheblich gekürzt (ca. 50 %) veröffentlicht. Erst nach Intervention wurde es in Gänze publiziert. – Aus diesem Vorgang resultiert die Erkenntnis, dass es doch sehr problematisch ist, mit dem Begriff Wertegemeinschaft international zu operieren, zumal der Begriff vermutlich nur eine zweifelhafte internationale Legitimation aufweisen kann. Ursprünglich scheint diese Wortschöpfung aus dem abgelehnten Entwurf der »Verfassung für Europa« abgeleitet zu sein. Dort heißt es: Die EU versteht sich als Union der Bürger und Staaten Europas, die sich »auf gemeinsame Werte gründet wie die Achtung der Menschenwürde, der Freiheit, der Demokratie, der Gleichheit, der Rechtsstaatlichkeit und der Wahrung der Menschenrechte«. – Wie noch zu zeigen sein wird, handelt es sich bei dem Begriff Wertegemeinschaft um ein abgehobenes Ideal, ein Wunschbild oder Phantom, das sich in der Wirklichkeit nur in äußerst geringem Maße widerspiegelt. – Wer gehört zu dieser Wertegemeinschaft? Ist es eine Gemeinschaft von Staaten? Die UNO als Ganzes ist vielleicht zu weit gegriffen, obwohl von ihr die Menschenrechtsdeklaration ausgegangen ist, vor allem mit der übergreifenden Forderung nach Achtung der Menschenwürde. Andererseits ist die anhaltende Misere vieler Entwicklungsländer kein positives Zeichen für deren Teilhabe an dieser Wertegemeinschaft. – Die G-8-Staaten (oder G7?) als Bündnis der Reichen dieser Weit, die, selbst ernannt, die Weltökonomie steuern wollen, !eben vermutlich in dem Glauben, sich zu dieser Wertegemeinschaft rechnen zu können. Global ökonomische Gleichberechtigung ist aber noch äußerst unvollkommen – Wie steht es um die NATO? Die NATO steht für Einsatz militärischer Gewalt zur Beilegung von Konflikten in der Weit. Friedensregelung auf diese Weise ist, wie Irak und Afghanistan zeigen, kein brauchbarer Weg. Danach ist wohl die NATO eher ein Fremdkörper in dieser Wertegemeinschaft. Insgesamt ergibt sich für die Zuordnung der Staatenkategorien ein wenig harmonisches Bild. – Und wie steht es um die Menschen? Der für die Lebensbedingungen der Menschen dominierend wichtige Bereich der Gesellschaft, Wirtschaft und Finanzkapital, hat sich von ethischen Grundätzen abgekoppelt. »Werte«, »Gesetzmäßigkeiten« wie Konkurrenz, Spekulation, Profit und nochmals Profit lassen sich mit den Idealen der Wertegemeinschaft nicht in Einklang bringen. Weitere gesellschaftlich prekäre Zustände wie Bildungsnotstand, Kinderarmut, Lohndumping, Hartz IV usw. dürften wohl kaum bewirken, dass sich die Menschen dieser Wertegemeinschaft zugehörig fühlen. Die Demokratie krankt u. a. an einer Wahlbeteiligung um die 50 %. Viele Bürger haben sich damit von der politischen Bühne verabschiedet. – Fazit: Wertegemeinschaft: ein Ideal, weit entfernt von der Wirklichkeit, viele offene Fragen, wenig Substanz, kaum geeignet für rhetorische Argumente.

Protagonisten, Lobbyisten und andere

Die Bahn kündigt Preiserhöhung von 3,9 % für Ende 2008 an, plus Servicegebühr von 2,50 % am Schalter. Bahnchef Mehdorn schließt sich damit der im Gang befindlichen General-Abzocke an, eine neoliberale Unsitte der Profitaufstockung. Denn: Betriebswirtschaftlich arbeitet die Bahn »vorbildlich«, der Gewinn (Ergebnis vor Steuern) betrug im ersten Halbjahr '08 1,4 Mrd. € – das entspricht einer Steigerung um 6,8 %. Also kein Grund zur Preiserhöhung, vielmehr Möglichkeit für Investitionen und Beteiligung der Bahnbediensteten am Gewinn. Aber weit gefehlt: Bahnchef Mehdorn braucht die Preiserhöhung, um die Bahn noch attraktiver für Anleger zu machen, die für 25 %-ige Privatisierung auch entsprechende Renditen kassieren können. Die Leidtragenden der Operation sind die Bürger/Bahnkunden. – Den Punkt auf das i setzt dann Minister Tiefensee, der die betriebswirtschaftliche Arbeitsweise der Bahn mit einer Lobeshymne würdigt und dem Bahnchef beispringt, indem er auch die Notwendigkeit der Preiserhöhung fordert. So eine Schützenhilfe hat der Bahnchef eigentlich nicht nötig, denn er hat schon gezeigt, dass er Manns genug ist, um mit Problemen und Widerständen fertig zu werden. – Immerhin ergibt sich die Frage: Was treibt den Minister Tiefensee? Ist er ein Lobbyist, ein Protagonist und/oder ein Minister? Lobbyist ist er nur insofern (teilweise), weil er ein Unternehmen aus seinem dienstlichen Bereich zu seinem Lieblingskind macht. Protagonist (Vorkämpfer, Fürsprecher) ist er, da er sich offensichtlich dem neoliberalen Geist der Wirtschaft verpflichtet sieht und sich damit auch der Jagd nach Profit anschließt. Als Minister wäre seine Aufgabe, sich dem Allgemeinwohl aller Bürger zu widmen und deren Wohl in seinem Wirken Priorität einzuräumen. Dann müsste er nach Mitteln und Wegen suchen, um die Preiserhöhung zu verhindern. So das Dilemma! – Preiserhöhung scheint für Minister Tiefensee ein Steckenpferd zu sein, denn auch die Erhöhung der LKW-Maut-Preise steht auf seinem Programm. – Das

Beispiel von Protagonist/Lobbyist lässt die generelle Frage aufkommen, in welcher Weise die Mächtigen der Wirtschaft ihre Interessen mit Hilfe des Staates realisieren. Schon Engels stellte fest: »In der ... demokratischen Republik übt der Reichtum seine Macht indirekt, aber um so sicherer aus«. (Zitat aus: Fisahn: Herrschaft im Wandel; S. 103). Vielfältig sind die Formen der Einflussnahme der Wirtschaft, speziell der Großkonzerne, auf staatliche Institutionen. Transparenz, wie in unserem Fall, ist nicht immer gegeben. Lobbying ist in der Regel nur eng begrenzt transparent. Lobbying ist oft, früher und heute, noch bei Wahlen im Spiel. »Leihbeamte« »helfen« z. B. im Gesundheitsministerium, finanziert von der Pharmaindustrie bei der Gestaltung der Gesetze zur Gesundheitsreform. An der Uni Frankfurt gibt es 36 Professoren, die von der Wirtschaft bezahlt werden. Die Bertelsmann-Stiftung und ähnliche Unternehmungen nehmen konkret Einfluss auf die Schul- und Hochschulpolitik. Sponsoring gilt auch nicht nur dem Partnerinteresse. – insgesamt ein weites Feld, nur schlaglichtartig beleuchtet. – Möglich werden alle diese Praktiken, weil die Großen der Wirtschaft über genügend Reichtum verfügen, um diese Manipulationen zu finanzieren. Demgegenüber sind die meisten Organisationen bzw. Verbände der Zivilgesellschaft finanziell wesentlich schlechter gestellt (z. B. Attac) und in ihrer Einflussnahme auf die Öffentlichkeit/Gesellschaft benachteiligt. Leider!

September '08

Amokläufer

Trauer, Betroffenheit und Ratlosigkeit sind die ersten Reaktionen auf den Fall des 15fachen Mords. Gerätselt wird über die Motive, die Ursachen und die daraus abzuleitenden Präventivmaßnahmen. – Erwogen werden vielfältige Möglichkeiten zur Verhinderung bzw. Vermeidung weiterer Amok-Aktivitäten. Schulpsychologen, Sozialarbeiter, Schusswaffenhandhabung, Alarmsysteme, Schulabsicherung bis zum »Hochsicherheitstrakt« und anderes mehr sind in der Diskussion. Dazu werden »Fachleute« Lösungen finden, die evtl. eine Minderung derartiger Fälle bewirken können. Gute Ideen sind auf dem Wege, z. B.: Schülerklassenrat in den Schulen als Muster für Demokratie, Ganztagsschulen, Erziehungspartnerschaften (Schule – Elternhaus) usw. – Trotzdem werden damit zunächst nur Erscheinungen im näheren Umfeld und an der Oberfläche des Geschehens erfasst. Tiefergehende Überlegungen/Untersuchungen werden kaum zur Analyse herangezogen. Offen ist weitgehend, die Einflüsse des herrschenden Gesellschaftssystems in Betracht zu ziehen. – Die USA nehmen in der Zahl der Fälle von Amokläufern die Spitzenposition ein, es folgt die BRD. Beide Staaten gehören zu den hochentwickeltsten Industriestaaten mit kapitalistischer Ökonomie. Einerseits also gleichartiges Gesellschaftssystem und andererseits auch hohe Anfälligkeit für Amokdelikte. Diese Feststellung bestätigt die Erkenntnis, dass eine Abhängigkeit zwischen dem Charakter der Gesellschaftsformation und der Vielzahl von Amokvorgängen besteht. – Die Gebote dieser Ellenbogengesellschaft bestimmen also das Handeln der Menschen. Sein Humankapital profitabel zu investieren ist gefragt; Leistungsdruck kommt dazu. Misserfolge bringen Versager mit sich. Angst davor ist weit verbreitet. Das gilt generell für die Gesellschaft und wird durch Existenzunsicherheit gefördert. Konkurrenz treibt zur Verschärfung der Arbeits- und Lebensbedingungen und beginnt in der Schule mit der Jagd nach Noten. Alle diese Umstände führen bei den Schwächeren zum Verlust von Anerkennung, Überdruss, durch Mobbing zur

Demütigung und Depression oder können Rachegefühle auslösen. Im Zusammenhang mit anderen negativen Einflussfaktoren, die Komplexität der Motive spielt eine große Rolle, ergeben sich so alle möglichen Formen von Aggressivität. Gewalt ist dann nicht weit. Gewalt als Mittel der Konfliktlösung ist in diesem Gesellschaftssystem ziemlich dominant. Krieg, Bürgerkrieg, Clangefechte bis zu Auseinandersetzungen in der Familie sind ringsum von Gewalt geprägt. Jungen Menschen wird dieses Szenarium noch durch Killerspiele nähergebracht. Ein Menschenleben wird zur Ware und in seinem Wert generell gering geachtet. – Kommt dann noch die Übung der Schießfertigkeit dazu, ist der Amokläufer perfekt. – Schützenvereine sind ein Relikt aus dem Mittelalter. Die Bürger erlernten das Schießen mit Armbrüsten zur Verteidigung ihrer Stadt. Tradition daher ist längst überholt; die Assoziation von Schießen und Gewaltausübung ist aber latent immer noch gegeben. Heute sind 7,2 Mio. Schießeisen in der BRD in privater Hand, das 20fache von dem, was der Polizei verfügbar ist. Mord-Schusswaffen sollten generell verboten werden. – Fazit: Amokläufer ist ein extremer Auswuchs des herrschenden Gesellschaftssystems. Dessen Veränderung im Sinne des Humanismus und der Solidarität bietet die Möglichkeit zur Lösung des Problems. Das ist aber ein anderes Kapitel.

März '09

Das »Klimapaket«

Das Klimapaket der Bundesregierung mit der Zielstellung, die CO_2-Emissionen bis 2020 um 40 % zu senken, wurde schon mit Vorschusslorbeeren bedacht. Die Informationen in den Medien darüber waren nicht besonders ausführlich. Was ist von diesem Energie- und Klimaprogramm zu halten? Der BUND (Bund für Umwelt und Naturschutz Deutschland) wertet es als »einen ersten Schritt« zum Erreichen der deutschen Klimaschutzziele. Die katastrophalen Folgen des Klimawandels fordern, dass jetzt gehandelt werden muss – heute! Der UN-Generalsekretär sagt es so: »Was wir nicht haben, ist Zeit.« Noch steht der Beschluss des Bundeskabinetts auf dem Papier. Der Realisierung liegen noch Stolpersteine im Wege, Unvollkommenheiten und Unwägbarkeiten deuten sich an, viele müssen mitspielen, zu viel Anfangseuphorie ist nicht am Platze. Widersprüchlich ist z. B. das negative Verhalten der Bundesregierung gegenüber der EU bei dem Bestreben nach Spritverbrauchslimits für PKW und bei der Einbeziehung des Flugverkehrs in den Emissionshandel. Nicht ganz frei sind vermutlich die Vorhaben von Lobbyeinwirkungen (z. B. beim Verzicht auf das Tempolimit).

Zu einigen Punkten des Programm-Projekts selbst:

Ein Kritikpunkt ist die Erneuerung der Kohlekraftwerke. In Dänemark ist der Bau neuer verboten. China hat angekündigt, wenig effektive zu schleifen. Ein WWF-Gutachten besagt, dass neben Schäden für die Ostsee auch Nachteile für die Luft der Region zu befürchten sind. Unter diesen Umständen eine ganze Serie von Steinkohlekraftwerken neu zu errichten erscheint daher doch sehr problematisch.

Die Industrie ist mit ca. einem Viertel am Energieverbrauch beteiligt. Außer dem Vorhaben »Kraft-Wärme-Kopplung« auf der Basis einer Vereinbarung mit der Wirtschaft gibt es keine Ideen oder Ansätze, um unmittelbar direkt die Technologie in ihrer ganzen Vielfalt (Stahlindustrie, Metallverarbeitung, Autoindustrie, Chemie, Abfallwirtschaft usw.) zu beeinflussen, um stärker zur Minderung des CO_2-Ausstoßes beizutragen.

Solche Rationalisierungsmöglichkeiten würden der Wirtschaftlichkeit der Unternehmen und zugleich dem Klimaschutz zugutekommen. Der Staat kann dazu Anreize geben und Forschung und Wissenschaft stärker in dieser Richtung orientieren.

– Nehmen wir den Verkehr, was ist mit solchen Projekten wie Nah- und innerstädtischer Verkehr, LKW-Verkehr von der Straße auf die Schiene? Wo bleibt das Tempolimit? Der Vorschlag zur Kfz-Steuer ist untauglich, weil er die sehr unterschiedlichen Fahrleistungen im Jahr nicht berücksichtigt. Weiter geht es um die PKW, wann verfügen wir über Fahrzeuge mit deutlich geringerem Spritverbrauch?

– Werfen wir einen Blick auf den Häuserbau und Häuserumbau. Die Hauseigentümer tragen dafür die Kosten. Ob sie die Mittel bei Zuschüssen von 10 bis 15 % des Aufwandes tragen können, zählt m. E. zu den Unwägbarkeiten des Vorhabens. Immerhin 31 Mio. Tonnen CO_2-Einsparung sind hier veranschlagt. Fazit: Erster Schritt. Halbheiten, ungenutzte Möglichkeiten. Insgesamt entspricht das Paket noch nicht der Dringlichkeit der notwendigen Reaktion auf den Klimawandel.

März '08

Zum Vorstoß Reich-Ranickis

Die spontane Äußerung »Ich verzichte auf diesen Preis ...« anlässlich der Verleihungszeremonie der Fernsehpreise 2008 war explosiv und herzerfrischend und fand viele Sympathisanten. Da kann man zu dem Literaturkritiker Reich-Ranicki stehen, wie man will – er hatte wohl nicht nur Freunde –, mit seiner Attacke hat er einen Anstoß gegeben, über die Fernsehproduktion und insbesondere deren Qualität nachzudenken. – Schon ist diese Aufforderung fast vergessen. Nur wenige Fernsehakteure und Fernsehkonsumenten haben sich zu Wort gemeldet. Elke Heidenreich und Manfred Krug teilen im Wesentlichen die relativ pauschale negative Bewertung des Fernsehangebots des öffentlich-rechtlichen Fernsehens, um das es hier geht. – Eine ernsthafte Diskussion wurde durch Abwehr der Kritik durch die Betreiber (Intendanten, Programmgestalter usw.) bisher leider abgeblockt. Selbstkritik ist offensichtlich ein Tabu. »Alles muss sich der Kritik unterwerfen«, forderte schon Kant. Diesem Gebot haben sich die Verantwortlichen entzogen und damit eine Chance der Wahrnehmung des demokratischen Rechts der Meinungsäußerung verhindert. – Nach dem Staatsvertrag unterliegen die öffentlich-rechtlichen Anstalten einem gesetzlich fixierten Programmauftrag, der sie zur Grundversorgung mit Information, Bildung, Kultur und Unterhaltung verpflichtet. Meinungsvielfalt und Ausgewogenheit sind angesagt. – Ein Grundübel der Programmgestaltung ist die Quotensüchtigkeit (vgl. Gottschalk). Diese Tendenz reflektiert den unproportionalen Bildungsniveaudurchschnitt der Bürger/-innen, den die Gesellschaft sich auch mit den Medien selbst geschaffen hat. Und den muss man verändern! Eine anspruchsvollere Gesellschaft wird ein anspruchsvolleres Programm fordern! – Wird der Auftrag zur Programmgestaltung von den Bürger/-innen so akzeptiert, dann ergeben sich sofort eine Reihe von Fragen bzw. Kriterien, die zu einer gründlichen Analyse der Problematik führen könnten: Wie steht es um die Ausgewogenheit zwischen den o. g. Teilbereichen (Haben manche Sparten Privilegien? Z. B. Unterhaltung und Fußball? Oder kommen andere zu wenig zu Wort?) – Wie wird der Bildungsauftrag realisiert? Gibt es genügend Anregungen, um das Denken der Fernsehzuschauer zu fördern? Oder: Werden viele durch die Trivialitäten der Unterhaltungssendungen abgestoßen? – Ist die politische Information tiefgründig genug oder gibt es offene Fragen? (z. B. Erbschaftssteuerdiskussion: eine angemessene Beteiligung der reichen Privatvermögen bleibt außen vor) – Wie ist das Niveau und der Anteil der Sendungen zu Bildung und Kultur zu bewerten? Wird ein besseres Verständnis kultureller Belange erreicht? – Wird den Sendungen zur Information und Bildung genügend Raum für kritische Stimmen eingeräumt oder gibt es Tendenzen, die Regierungspolitik zu begünstigen? – Diese Fragen sind nur Beispiele. Der Initiative der Programmverantwortlichen ist es überlassen, einen vollkommeneren Fragenkomplex zu formulieren, der als Mittel für eine sinnvolle und nützliche Analyse dienlich sein könnte. Vielleicht würde dem demokratischen Grundanliegen einer solchen Aktion schon entsprochen, wenn das Fernsehpublikum durch eine Umfrage zu einer detaillierteren Erkundung der Schwachstellen und zu Veränderungsvorschlägen aufgefordert würde.

Dezember '08

Zum Schwedenfest – Gedanken am Rande

Hurra, die Schweden sind (waren) wieder da!

Diesmal in friedlich-freundlicher Mission mit uns auf dem Wege nach Europa. Gedanken am Rande – Reminiszenzen bleiben da nicht aus.

Das Fest präsentiert sich in Wismar vor allem mit militärischen Zeremonien. Exerzieren, Lagerleben, Zapfenstreich und Feldgottesdienst, Aufziehen der Wache usw., also eine Art Kasernenhofatmosphäre bestimmt das Programm. Wer das aus eigener Erfahrung, im Frieden oder gar im Kriege, erlebt hat (in der deutschen Variante) ist militanten Ambitionen nicht mehr zugetan. Alte Kanonen und Gewehre verleihen dem Ganzen den nötigen Charme. Heute und hier sind das nur Museumsstücke. Aber anderswo, z. B. in Afghanistan, werden zurzeit mit moderneren Exemplaren von Waffen Menschen erschossen. – Waffen lassen die Assoziation zu Militarismus aufkommen, einer ideologischen Position, die die Existenznotwendigkeit von Militär begründet, in der Vergangenheit hat diese Betrachtungsweise dazu beigetragen, dass zweimal mörderische Kriege geführt wurden. Abwegige Gedankengänge?

Zurück zu den Schweden. Der Dreißigjährige Krieg »bescherte« Wismar die Fremdherrschaft der Schweden. Von 1631 bis 1648 existierte Besatzungsregime nach Eroberung, 1648 wurde Wismar im Westfälischen Frieden Schweden zugesprochen. Diese Fremdherrschaft währte faktisch bis 1803 und nominell 1903.

Einige Zitate aus dem »Gedenkbuch – Mecklenburg/Schwerin – Braunschweig/ Lüneburg«, eine Publikation aus dem Jahre 1904 aus Anlass der Vermählung des Großherzogs Friedrich Franz IV., lassen die Zustände in der Schwedenzeit erkennen. Über die letzten Jahre des Dreißigjährigen Krieges heißt es: »Kaiserliche und Schweden hausten in Städten und Dörfern mit gleicher Unmenschlichkeit.« (S. 29)

1803: »Im Vertrage von Malmoe verpfändete Schweden die gänzlich heruntergekommene Stadt – sie zählte kaum 6000 Einwohner ...« (S. 175)

Immerhin dürften nach 1648 die Wismarer nicht mehr mit dem berüchtigten Schwedentrunk traktiert worden sein.

1903: Anlässlich der Beendigung der formellen Fremdherrschaft zitiert aus der Ansprache von Bürgermeister Krüll: 1648 »... fiel sie an Schweden. Auch hier fand sie nicht die nötige friedliche Entwicklung und Erstarkung ihrer wirtschaftlichen Kräfte. Losgerissen vom Vaterland, von langdauernden Kriegen und schwer drückenden Belastungen, geriet sie noch mehr in Verfall ... alles geschäftliche Leben stockte lange Zeit. Den ersten freudigen Ausblick in die Zukunft gewährte der Pfandvertrag von 1803«. (S. 216)

Diese Charakterisierung ließe sich durch weitere ähnlich lautende Berichte stützen. Der Grundtenor bleibt: Die Schwedenzeit war insgesamt eine ziemlich trostlose und unerfreuliche Ära in der Geschichte Wismars, kein Anlass, diese Zeit zu glorifizieren.

– Zurück zur Gegenwart. Neben dem militärischen Spektakel eignete sich das Fest dazu, der Wirtschaft Wismars noch etwas mehr auf die Beine zu helfen. Zu den militärisch-prosaischen Effekten gesellen sich die ökonomisch-finanziellen. Ganze Reihen von Ständen und Buden laden dazu ein, exklusive Produkte zu erwerben. Vielseitige Belustigungsmöglichkeiten sorgen für fröhliche Stimmung. In all dem zeigen sich wenigstens greifbare monetäre Ergebnisse: 3 Tage Schwedenfest, großer Trubel, schwedische Uniformen, Lagerleben von Soldaten, viel Musik, Karussells und Koggen im Hafen umrahmen das florierende geschäftliche Treiben. Das ist doch was!

Trotzdem: Es bleibt als Anregung für die Stadtoberen, darüber nachzudenken, ob nicht anstelle des militärischen ein anderes Ambiente für das Fest gewählt wird, eines aus der Sphäre der Kultur, der Wissenschaft, der Folklore, eines das dem gemeinsamen Weg in das neue Europa förderlich ist.

September '07

Demokratie

Demokratiedefizite

Die Wahlen stehen vor der Tür und die Parteien versuchen Punkte zu sammeln, um die Wähler für sich zu gewinnen. Versprechungen, »Zuwendungen« zweifelhafter Wirksamkeit sollen die Rolle der Zugpferde übernehmen. Es geht dabei auch um eine wachsende Gruppe von Menschen, die schon seit längerem den Glauben an die Demokratie verloren haben. Und manches trägt auch noch dazu bei, die demokratische Glaubwürdigkeit der Politik nicht zu fördern. Beispiel: Als Mittel zur Regulierung des Fischfangs in der Ostsee hat der Landwirtschaftsminister MV, Backhaus, angeregt, so die Presse, Pachtgebiete auf See zu vergeben. Der Chef der Fischereigenossenschaft MV hat diese Idee scharf kritisiert und als »völligen Blödsinn« charakterisiert. Diese Wertung dürfte wahrscheinlich zutreffend sein, wenn man bedenkt, dass die Fische die »Grenzen« der Pachtgebiete sicher nicht respektieren, sondern sich nach anderen Gesichtspunkten tummeln werden. – Das Problem ist aber noch ein anderes: Es ist anzunehmen, dass dieser Pachtgebietsvorschlag vor der Veröffentlichung nicht mit Sachkundigen der Fischwirtschaft diskutiert wurde, denn sonst wäre nicht eine derartige Reaktion erfolgt. Dieser Vorgang zeigt, dass die Demokratie im Alltag noch nicht überall praktiziert wird. Demokratie im Alltag heißt, die Notwendigkeit des Kontakts mit Betroffenen zu empfinden, mit ihnen zu sprechen und sie zur Mitarbeit zu gewinnen. Das ist direkte Demokratie! Manche, nicht nur in der Politik, denken, die Demokratie bestehe nur aus den Wahlen alle paar Jahre. Aber damit ist die aktive Teilnahme der Bürger/-innen an der gesellschaftlichen Entwicklung nicht erledigt. – Direkte Demokratie ist auch ansonsten eine Schwachstelle in der Demokratie. Referenden haben Seltenheitswert. Die Mitarbeit der Bürgerinnen wird zu wenig in Anspruch genommen. Die Nutzungsmöglichkeiten sind durch Hürden gesetzlicher Bedingungen eingeschränkt. Referenden könnten jedoch vielfach dazu beitragen, schwebende Probleme zu lösen und gleichzeitig die Bürgerinnen mit diesen Problemen vertraut zu machen und sie zur Mitarbeit anzuregen. Denkbar wären z. B. Volksabstimmungen zu solchen offenen Fragen wie der Festschreibung eines gesetzlichen Mindestlohns oder zu der längst überfälligen Realisierung der Forderung nach gleichem Lohn für Männer und Frauen für gleichwertige Arbeit. Diese Referenden würden mit hoher Wahrscheinlichkeit einen positiven Ausgang haben und eine erfreuliche Wirkung auf die politische Aktivität der Wählerinnen mit sich bringen. – In diesem Kontext ist schließlich auch negativ zu registrieren, dass praktisch seitens der Regierung die Abstimmung über den Lissabonvertrag (Europavertrag) verweigert wurde. Also was bleibt zu wünschen? Mehr direkte Demokratie – im Alltag und in Europa – und mehr politisch aktive Bürgerinnen und Bürger.

Daten und ...

Die Überwachung und Reglementierung der Bürger – kontra Bürger-freiheiten. Staat und Wirtschaft neoliberaler Prägung sind dabei, die Bürgerinnen und Bürger der Bundesrepublik Schritt für Schritt mit einem System normativer Regelungen, gepaart mit einem bestimmten Datenbestand, zu beglücken. Unter Nutzung der Computertechnologie soll damit eine dauernde und engere Bindung an die nicht besonders erfreulichen herrschenden Lebensumstände erreicht werden. – Konkret, als da sind:

– Die Online-Durchsuchung – Gefahrenabwehr verhütet Un-heil – »Trojaner« gegen Terroristen – Jeder könnte verdächtig sein.

– Der neue Reisepass mit Fingerabdruck – gegen zu übermäßiges Selbstwertgefühl – nimmt dich auf ins kriminelle Milieu.

– Die Steuernummer (Steuer-ID – Steueridentifikationsnum-mer) – vom Baby bis zum Supergreis: Keiner wird bei der Ab-zocke vergessen.

– Die Job Card – ELENA (Elektronischer Entgeltnachweis) mit Beschäftigungsdatum – was du machst, ist auch für andere in-teressant.

– Die elektronische Gesundheitskarte (eVK) – gut für persön-liches Wohlergehen und die Pharmaindustrie.

Vielleicht ist diese Liste noch nicht vollständig. Aber das, was vorliegt, ge-nügt, um den viel beschworenen »gläsernen Bürger« vorzustellen. Dazu fehlt dann nur noch das Instrument, um mit Hilfe des Gedankenlesens die Ambitionen des Einzelnen für alle möglichen Zwecke nutzbar zu ma-chen. – Argumente der »Erfinder« dieser Neuerungen sind Gefahrener-kennung und -abwendung, soziale Sicherung und Vereinfachung vieler bürokratischer Prozesse. An die Möglichkeiten des Zusammenspiels der einzelnen Datenträger ist vielleicht von vornherein nicht gedacht.

Aber der Datenmissbrauch durch Datenkombination liegt auf der Hand. Schon jetzt blüht der Datenhandel und auch die Kriminellen sind erfinderisch, um illegale Geschäftsinteressen zu kreieren. Die Daten liegen gedruckt vor, also stehen sie dem Zugriff zur Verfügung. Das ist das Datenangebot durch den Staat. Damit manifestiert sich diese Angelegenheit zu einer Begleiterscheinung der neoliberalen Jagd nach Profit. – Die Vorteile dieser Projekte für den Bürger/Verbraucher sind schwerlich erkennbar. Die Funktion dieser Mittel ist mehr darauf gerichtet, anderen an den jeweiligen Prozessen Beteiligten bessere Handhabung zu ermöglichen als dem »Lieferanten« der Informationen selbst. – Kritik an den Vorhaben ist vielfältig. Datenschützer und viele andere melden sich zu Wort. – Verfassungswidrigkeit wird mehrfach konstatiert. Fingerabdrücke: Eingriff in die Intimsphäre, Online-Durchsuchung, keine Transparenz, massiver Eingriff in die Privatsphäre. »Ausufernde Sammlung personenbezogener Daten« – »Vorstufe zur Totalerfassung der Bevölkerung« sind Befürchtungen. Der 110. Ärztetag lehnte den Entwurf der eGK ab. – Weitere Bedenken sind zu beachten: Der normative unpersönliche Charakter einer Reihe von Vorschlägen beeinträchtigt die Reaktionsmöglichkeiten der Bürger aufgrund der Vielfalt ihrer individuellen Situationen. Rationalisierung menschlicher Beziehungen anstatt Smalltalk. Initiative und Kreativität sind nicht gefragt. Fragwürdig ist vor allem auch, ob sich dieser so projektierte »gläserne Bürger« in Übereinstimmung mit dem im Grundgesetz erklärten »Recht auf freie Entfaltung seiner Persönlichkeit« befindet. Zweifel an der Verfassungsgerechtigkeit einzelner Vorhaben sind also angebracht. Schließlich wäre es angebracht, dem Datenhandel bald einen Riegel vorzuschieben.

September '08

Auf dem Lande wählt man konservativ

Auf die Frage, ob die Demokratie in Gefahr ist, wenn die Wahlbeteiligung zwischen 30 und 40 % liegt, antwortet Dr. Schoon: »Nein, davon kann keine Rede sein.« Leider ist die Begründung für diese strikte Verneinung schwach und zweifelhaft. Das Fehlen von politischer Bildung greift zu kurz und dürfte wohl kaum eine ausreichende Erklärung sein. Außerdem ist es auch etwas zu einfach, den Bürgern Dummheit zu unterstellen. So bleibt das »Nein« eine kühne Behauptung. – Nicht erst seit gestern gibt es den Trend zu immer geringerer Wahlbeteiligung. An der Wahl des Güstrower Landrates haben sich nur 23 % der Wahlberechtigten beteiligt. Wenn man dann noch bedenkt, dass davon ca. 60 % auf den Wahlsieger entfielen, dann ergibt sich als Fazit, dass ca. 14 % der Wahlberechtigtenstimmen auf den Gewählten entfielen. Eine beachtliche Annäherung an den Zustand »Demokratie ohne Bevölkerung«. Das Ergebnis bedeutet, dass sich der »erfolgreiche« Landrat politisch auf etwa ein Siebentel der Bürgerinnen und Bürger stützen kann. – Aber warum ist die Wahlbeteiligung so gering? Es genügt nicht, diese herrschende Passivität den Bürgern in die Schuhe zu schieben. Die Ursachen sind vielmehr in den politisch-ökonomischen Verhältnissen zu sehen. Kinderarmut, Niedriglohn, zunehmendes Auseinanderklaffen der Schere zwischen Arm und Reich, steigende Preise usw. führen dazu, dass immer mehr Bürger das Vertrauen in die Politik verlieren und deren Fähigkeit, diesen Entwicklungen wirksam zu begegnen. Auch die noch existierende Ungleichbehandlung der Bürger in Ost und West (z. B. Rente) und zu viele Ankündigungen, aber wenig konkrete Realisierung tragen dazu bei, dass sich Pessimismus und Resignation weiter ausbreiten. Das sind die wahren Ursachen für diese Wahlnichtbeteiligung.

Privatisierung

Erfahrungen mit der Bahn – anderswo

Vor kurzem hat die deutsche Koalitionsregierung die Teilprivatisierung der Deutschen Bahn beschlossen. 25 % sollen an Investoren abgetreten werden – Chancen für Renditen. Politische Kräfte treten dafür ein, die Privatisierung künftig noch weiter voranzutreiben. Ob die Befürworter der Bahnprivatisierung die internationalen Erfahrungen mit der Bahn bei ihrem Vorhaben in Betracht gezogen haben, ist zu bezweifeln. Länder, die schon vor längerer Zeit ihre Bahn privatisierten, haben schlechte Erfahrungen damit gemacht.

So Neuseeland: Die neuseeländische Regierung kaufte 2008 die 1993 privatisierte Bahn (für 202 Millionen € verkauft) für 336 Millionen € zurück. Der Finanzminister Neuseelands bezeichnete die Privatisierungsperiode als »eine schmerzliche Lektion«. Es war nicht möglich, die Bahn ohne finanzielle Unterstützung durch die Regierung zu betreiben.

England: 3sat-online titelt Bericht: »Bahnprivatisierung in England ein schlimmer Misserfolg.«

Seit 1997 ist der Schienenersatzverkehr in privater Hand. Das Schienennetz ist inzwischen verkommen. In fünf Jahren musste der Staat 19 Milliarden € Zuschuss lockermachen. Probleme gab es im Betrieb: Streiks, Verspätungen und Zugunfälle verunsicherten den Verkehr. Schließlich wurde die »stümperhafte« Privatisierung teilweise zurückgenommen. Sogar die Konservativen geben heute zu, dass die Privatisierung ein Fehler war.

Argentinien: In Argentinien kämpft die Kampagne »Salve mos al tren« (Rettet die Bahn) um die Wiederverstaatlichung des Eisenbahnbetriebs. Die Privatisierung Ende der 80er Jahre ergab: eine Dezimierung des Schienennetzes von 1988 mit 36 000 km auf 1998 mit nur noch 12 000 km. Staatliche Subventionszahlungen waren laufend erforderlich, von 1992 bis 2000 gab es in Ballungsgebieten Fahrpreiserhöhungen von 50 bis 70 %.

USA: Der Schienenpersonenverkehr befindet sich in öffentlicher Hand, während er früher in Form von Privatbahnen existierte. In Privatbesitz befinden sich die Güterbahnen. Diese Teilung ergab sich aus der Tatsache, dass der Schienenpersonenverkehr nicht ohne staatliche Subventionen auskommen konnte.

Japan: Die Bahnprivatisierung wird von den herrschenden Kreisen positiv bewertet. Aber es gibt Fakten, die von Privatisierungskritikern nicht akzeptiert werden können: Unrentable Strecken wurden stillgelegt, der Staat musste finanzielle Hilfestellung leisten, Arbeitsplatzabbau, hohe Bahnpreise.

Diese Beispiele zeigen charakteristische Schwächen der Privatisierungslösungen: Streckenabbau, Arbeitsplatzabbau, Staatszuschüsse, Unsicherheit u. a. Insgesamt keine allgemeinwohlgerechte Lösung. Profit/Rendite hat das Privileg vor dem Allgemeinwohl.

Man könnte vermuten, viele Politiker nehmen nicht zur Kenntnis, was im Ausland rund um sie herum passiert, oder?

Das zeigt sich auch bei anderen Problemen.

Viele Länder in Europa und der Welt haben schon lange Mindestlöhne und Tempolimits, aber Deutschland macht hier wie da eine Nachtrabspolitik.

Juli '08

Kehrtwende bei der Bahn?

Da müssen wir wohl das Prinzip Hoffnung zu Hilfe rufen, um das zu glauben. Aber eine Chance wär's, wenn mit dem Wechsel an der Spitze des Unternehmens auch ein Wechsel in der Strategie der Bahn stattfinden würde. Gründe dafür gäbe es genug. – Grundgedanke und neuer roter Faden des Handelns der Bahn sollte sein, anstelle des Prinzips der Profitmaximierung um jeden Preis (vgl. das Ansinnen, für die Bahnhöfe ehrenamtliche Aufpasser zu engagieren) das Prinzip, das Allgemeinwohl zur Geltung zu bringen. Das heißt aber auch, dem Neoliberalismus eine Absage zu erteilen. – Zuerst geht es darum, das von dem »Bahn-Napoleon« Mehdorn oder dem Management durch die Datenaffäre zerstörte Vertrauensverhältnis zwischen den Bahnbeschäftigten und der Obrigkeit des Unternehmens wiederherzustellen. – Dazu dürfte es sich als günstig und notwendig erweisen, in Zukunft dafür zu sorgen, dass den Eisenbahnern auf allen Ebenen, angefangen beim Aufsichtsrat, mehr Mitbestimmung eingeräumt wird und so die Maxime der Priorität des Allgemeinwohls überall in den verschiedenen Arbeitsbereichen ein Leitgedanke der Dienstleistungsaufgaben der Bahn wird. – Dazu gehört weiter der endgültige Verzicht auf die Privatisierung der Bahn. Damit würde die Bahn dem neuen Trend in der Welt folgen, der sich darin zeigt, dass in anderen Ländern (Neuseeland, Argentinien usw.) die frühere Privatisierung wieder rückgängig gemacht wird. Es hat sich eindeutig erwiesen, dass die Privatisierung ein schwerer Fehler war. – Die Übernahme in Gemeineigentum ermöglicht auch einen anderen Umgang mit den Finanzmitteln. Die Gewinne müssen nicht mehr Banken als Spekulationsmasse überlassen werden; sie können jetzt für Investitionen bei der Bahn selbst nützlich sein. – Investobjekte dafür gäbe es genug: Gemeinwohl heißt zuerst, das ramponierte Bahnnetz (1700 km stillgelegt!) wieder zu vervollständigen. Bewohner dünner besiedelter Gebiete kommen wieder in den Genuss eines Bahnanschlusses. Die PKWs werden dann nicht so viel gebraucht. Eine positive Nebenwirkung ergibt sich, eine nennenswerte Verringerung des CO_2-Ausstoßes. – Ein Riesen-Projekt ist das Vorhaben »Straße auf Schienen«. Schon lange gibt es ansprechende konstruktive Lösungen dazu; aber die Realisierung bleibt aus. Dieses Projekt Zug um Zug zu verwirklichen wäre eine Aufgabe, die zu einer enormen Reduzierung des CO_2-Ausstoßes führen und damit dem Klimaschutz einen ausgezeichneten Dienst leisten würde. – Weiter geht es darum, die Ambitionen der Bahn , ein »Weltkonzern für Logistik« (Logistikweltmeister?) zu werden, aufzugeben und sich mehr für die Ausstattung der Bahn im Lande zu engagieren, um ein ansprechendes Niveau zu erreichen. – Schließlich können die Gewinne der Bahn nicht zuletzt genutzt werden, um die Preise zu senken und den Beschäftigten der Bahn höhere Löhne zu zahlen. – Also: Für den neuen Bahnchef gibt es eine Fülle von Arbeit, die, wenn sie etwa wie dargestellt angepackt wird, sicher das Wohlbefallen der Menschen im Lande finden wird.

PS: Postskriptum

Die Post war eigentlich lange genug in den Schlagzeilen. Jedoch ist es ein Fall, zu dem noch einige Gedanken im Nachhinein angebracht sind. Die Post ist ein Präzedenzfall und steht für viele, bei denen Mit-Bewerber den Wettbewerb mit Niedriglöhnen betreiben woll(t)en. Da ergibt sich die Frage: Was ist das für ein Wettbewerb, der solche Praktiken zulässt? Oder lässt Konkurrenz ein solches Vorgehen zu? – In dem »Großen Wörterbuch Wirtschaft« wird für das Stichwort Konkurrenz mit einem Pfeil auf Wettbewerb verwiesen, d. h. Sprachregelung im Sinne der Wirtschaft. Manche Unternehmen bedienen sich im Konkurrenzkampf-Wettbewerb unerlaubter Methoden, z. B. die Postkonkurrenten durch Kostenminimierung mittels Hungerlöhnen, in der BRD gibt es aber ein Gesetz gegen den unerlaubten Wettbewerb – UWG. Im »Gabler Bank Lexikon« heißt es: »Die Kernvorschrift des UWG stellt die ›Generalklausel‹ in § 1 dar, wonach jede Wettbewerbshandlung, die gegen die guten Sitten verstößt, unlauter ist.« Hungerlöhne werden nicht explizit angeführt. Die Abwehr von Aktivitäten unlauteren Wettbewerbs wird der Initiative der Zivilgesellschaft überlassen. Bei den neuen Mitbewerbern der Deutschen Post haben wir es offensichtlich mit einem gute Sitten widrigen Verhalten zu tun. Eine Lohnpolitik, die die Menschenwürde missachtet, ist nicht akzeptabel. Oder? Ob der neoliberale Zeitgeist heute diese Wertung der Löhne als sittenwidrig noch zulässt, ist fraglich. Oder ist das UWG tabu –? In der bisherigen Diskussion um die Mindestlöhne ist m. E. diese Sicht der Dinge nicht aufgetaucht, obwohl das UWG ja als Argument für die gesetzliche Regelung des Mindestlohnes sehr nützlich sein könnte (anstelle des sog. Entsendegesetzes). Ein weiterer Aspekt der Problematik sei genannt: Wettbewerb ist nicht immer alles! Vor allem wie in solchen Fällen wie diesem – der Deutschen Post. Deren Marktgegebenheiten sind besonders beschaffen: Ballungsräume (Großstädte), weite ländliche Gebiete (Dörfer) und Gebiete mit extremen Infrastrukturverhältnissen

(Inseln, Gebirgsgegenden) sind gleichberechtigt flächendeckend zu bedienen. Das erfordert eine Allgemeinwohlverpflichtung einer solchen Einrichtung. Die Deutsche Post kann das nur mit Hilfe eines Kostenaufwandsausgleichs – territoriale Solidarität – realisieren. Mindereinnahmen aus ungünstigen Gebieten werden durch Mehreinnahmen von Ballungsgebieten usw. ausgeglichen. Das kann ein Neueinsteiger nicht leisten; er kann anfänglich nur ausgewählte Sondergebiete (Großstädte, Großgeschäftskunden) übernehmen und wird so veranlasst, sich mit Niedriglöhnen zu behelfen. In Großbritannien konnten sich bedingt durch diese Umstände Mitbewerber der Royal Mail nicht behaupten und mussten diesen Wettbewerb aufgeben. Nur 1 % existieren noch!

Schließlich können auch die Verbraucher – sprich Postbenutzer – ein Wort mitreden. Sie sollten sich von dem Aspekt der »guten Sitten« und nicht nur von ungewissen Preisangeboten leiten lassen und danach ihre Entscheidung treffen. Zuletzt ein Blick über die europäischen Grenzen: Das Lohnproblem ist ein globales. Extrem dramatische Verhältnisse gibt es diesbezüglich in Schwellen- und Entwicklungsländern. Kinderarbeit ist hier das unmenschlichste Extrem der Problematik. Eine neue Weltordnung ist gefragt und gefordert, aber noch nicht greifbar.

Lubmin – Steinkohlekraftwerk mit vielen Fragezeichen

Lubmin – das Steinkohlekraftwerksprojekt – ist nicht nur eine Angelegenheit von Mecklenburg-Vorpommern; es ist global, deutschlandweit und regional zu betrachten. Global steht ganz oben auf der Agenda der Forderung des Weltklimareports nach entschiedenen Reaktionen auf die Folgen des Klimawandels. Dieser Report wurde vom Weltklimarat (IPPC) anlässlich seiner Beratung vom 12. bis 17. November '07 in Valencia als Aktivität zur Vorbereitung des Weltklimagipfels in Bali vom 4. bis 13. Dezember '07 verabschiedet.

Naturkatastrophen sind an der Tagesordnung.

Wenn auch MV bisher davon verschont geblieben ist, so ist das sicher kein Grund – auch unabhängig von dem, was andere tun –, sich nicht nach Kräften an der Bekämpfung der Folgen des Klimawandels zu beteiligen. Der für das Projekt vorgesehene dänische Konzern beziffert den jährlichen CO_2-Ausstoß des Objekts auf 10 Mio. Tonnen!

Deutschland betreffend sind auch eine Reihe von Aspekten relevant:

- Wirtschaftswachstum ist keine Dauererscheinung, zurzeit ist wieder eine Flaute im Kommen.
- Die Einwohner der Gemeinde Ensdorf (Saargebiet) haben mit 70 % die Errichtung eines neuen Kohlekraftwerkes durch RWE abgelehnt. Das gibt zu denken. Der Widerstand regt sich.
- Neue Kapazität in Lubmin und anderswo (deutschlandweit sollen 20 derartige Objekte entstehen) verlangt, im Gegenzug veraltete Kraftwerke mit mindestens der gleichen Kapazität vom Netz zu nehmen. Wann sind welche Kraftwerke dafür vorgesehen? Gibt es dazu überhaupt eine Planung?
- Neue zusätzliche Kapazität erfordert Netzerweiterung, wenn nicht die Einspeisung der regenerativen Energien behindert oder blockiert werden soll. In dieser Frage gibt es jetzt schon Probleme. Der BWE (Bundesverband Windenergie) beziffert

den Schaden, der 2006 durch den versäumten Netzausbau entstanden ist, auf 5 Mio. € oder 7 % der Jahresleistung. Keine guten Aussichten.

Regional für MV sind noch folgende Sachverhalte mit Fragwürdigkeit behaftet:
- Umweltschäden für die Ostsee und die Luft werden auch vom Investor vorhergesehen. Es droht die Aberkennung des Seebäder-Status und damit eine Beeinträchtigung des Tourismus.
- Zu einer vom Investor Dong Energy vorgeschlagenen Ersatzlösung eines Offshore-Parks (Wind), wie in England eben installiert, gibt es keinen Kommentar. Die CO_2 Vermeidungstechnik wird als nutzungsfähig für 2015 angekündigt. Ob dieser Termin zu halten ist, sei dahingestellt.
- Die Effizienz des geplanten Objekts liegt bei 47 %. Der Rest ist Verlust. Bei notwendigem Kohleimport nicht gerade kostengünstig. Stromexport ist beabsichtigt, aber wer sind die Abnehmer?
- 140 Arbeitsplätze für das Werk sind Erfahrungswert; 500 weitere Arbeitsplätze im Umfeld sind vage.

Fazit: Viele Probleme sind noch nicht oder unvollkommen gelöst und mit Unsicherheiten behaftet. Ein hohes Risiko dieses Unternehmen bei 2 Mrd. Aufwand. Vielleicht sollte doch auf das Projekt verzichtet werden. Es bleibt zu wünschen, dass bei dem Genehmigungsverfahren wirklich alle Aspekte genügend gewürdigt werden. Vorleistungen werden voraussichtlich erforderlich sein. – Auch eine Volksinitiative nach Artikel 59 der Landesverfassung wäre denkbar! Und schließlich: Die Zukunft gehört den regenerativen Energien. Verstärkte Anstrengungen in dieser Richtung sollten unternommen werden.

30.11.07

Schnapsideen?

Merkmale von Schnapsideen sind u. a. Originalität und Seltenheitswert. Auch eine gewisse absurde Widersprüchlichkeit zum herrschenden Zeitgeist kann derartigen Ideen zugesprochen werden. Hier das erste Beispiel: Die maroden Toiletten an Einrichtungen der Uni in Bonn sollen wieder instand gesetzt werden. Die Kosten sollten ursprünglich aus den Mitteln bestritten werden, die die Uni durch Studiengebühren (bis zu 500 € pro Semester) erheben kann. Nach Protest der Studierenden wurde der Gedanke kreiert, die Klos zu privatisieren und evtl. Mittel für die Instandsetzung aus dem Konjunkturprogramm abzuzweigen. Eine »famose Idee«. Diese »Innovation« entspricht haargenau dem neoliberalen Zeitgeist. In den vorausgegangenen Gesellschaftsepochen ist wohl bisher noch niemand auf die Idee gekommen, Toiletten von Bildungseinrichtungen kostenpflichtig zu betreiben. Die Profite aus Privatisierungen von Großunternehmen (Post, Telekom usw.) sollen nun auf die aus dem Geschäft mit Toilettenprodukten ausgedehnt werden. Also jede Objektdimension ist gefragt. Das Motto »Kleinvieh macht auch Mist«, obwohl schon früher oft zitiert, kommt hier zu neuem neoliberalem Glanz. Es bietet sich an, dieses Projekt noch weiter zu vervollkommnen, indem ein »2-Klassen-Toilettensystem« installiert wird, getrennt für Professoren und Studierende, damit bei den Benutzerpreisen eine »gerechte« Beteiligung erfolgt. Der Haken an der Sache besteht nur darin, dass man den Studierenden jedenfalls nicht zumuten kann, sich auf eine solche Leistung einzulassen, denn sie gehören gerade nicht zu den Wohlhabenden in der Gesellschaft. – Allerdings gibt es ja auch andere Einrichtungen, die dieses Geschäft schon länger betreiben, Bahnhöfe u. a. In diesen Fällen ist der Nutzer-Personenkreis jedoch ein sehr variabler. – Ob es in den Gebäuden der Ministerien auch schon solche Lösungen gibt? Oder hat hier die Uni eine Art Vorreiterrolle? Manche mögen denken, das Ganze ist doch eine Lappalie, was bringt das schon? Wer so denkt, muss wissen, dass diese Idee nur auf dem Boden des Neoliberalismus aufkommen konnte, ein Boden, auf dem die optimale Höhe des Profits eine dominierende Rolle spielt. – Ein zweites Beispiel dieser Kategorie von Ideen sei genannt. Es betrifft die Bahn, die ja schon öfter durch merkwürdige Verhaltensweisen von sich reden machte. Die Bahn sucht Freiwillige, die ehrenamtlich die Aufsicht und Kontrolle über »ihre« Bahnhöfe übernehmen und Unzulänglichkeiten registrieren und an die zuständigen Bahnangestellten weitergeben. Berufspendler seien für diese Aufgaben besonders geeignet. Das Anliegen der Bahn ist schon zu verstehen, wenn man weiß, dass z. B. in NRW 693 Bahnstationen existieren. So viele Bahnarbeiter darf es nicht geben. Und vor allem geht es ja darum, dass die Gewinne/Profite der Bahn nicht durch zu großen Aufwand für »Nebensachen« beeinträchtigt werden. Ehrenamtlichkeit im Dienste der Konzernprofite. Also: Freiwillige vor!

März '09

Von anderen lernen

Bahnprivatisierung

Im Zeitalter der Globalisierung bieten die ausgereiften Kommunikationsmöglichkeiten viele Optionen des Austausches zwischen den Ländern. Offensichtlich werden diese aber noch nicht genügend genutzt.

Sollten sie aber!

Nicht einseitige pauschale Belehrungen sind hilfreich, sondern eher konkrete Projekte. Beispiel: Bahnprivatisierung in Deutschland. Ein Grundkonflikt tut sich auf mit der Fragestellung: Was hat Priorität – Allgemeinwohl oder Renditesicherung?

Allgemeinwohl heißt: Chancengleicher Zugang zu Bahnverkehr, flächendeckend, unabhängig von der Bevölkerungsdichte in Stadt und Land.

Gewinn- und Verlustausgleich bei stark und weniger stark genutzten Strecken. Bahn als nicht profitorientierte Veranstaltung. Renditesicherung heißt: Effizienzgewährleistung um jeden Preis, Streben nach Vollauslastung zur Erzielung hoher Rendite für die privaten Anleger, Abbau nicht rentabler Strecken, Personalabbau und Preiserhöhung.

Insgesamt: Profitdominanz!

Die letztgenannten Fakten haben sich als generelle Merkmale als Privatisierungserfahrungen auf vielen Gebieten herausgestellt. Umso gewichtiger wären sie bei neuen Vorhaben zu berücksichtigen. Die Diskussion solcher Projekte kann durch Analyse der Erfahrungen anderer Länder wesentlich ergiebiger sein.

Für die Bahn wäre die Schweiz interessant, von der es heißt, dass sie über ein sehr erfolgreiches Bahnunternehmen verfügt, gemeinnützig und nicht profitorientiert.

Oder nehmen wir Großbritannien. Die britischen Erfahrungen sprechen eindeutig gegen die Privatisierung. Nachdem British Rail (die britische Bahn) in den Jahren 1994 bis 1997 an 106 Unternehmen veräußert und in 7 Jahren an Privatinvestoren verkauft wurde, haben sich in der Folgezeit die nachstehenden negativen Veränderungen ergeben:

- Die Fahrpreise stiegen von 1987 bis 2000 um 82 %.
- Service, Pünktlichkeit und Komfort haben sich erheblich verschlechtert.
- Das Schienennetz wurde immer unfallanfälliger. Es gab schließlich fast 1300 Streckenabschnitte mit Langsamfahrstellen.
- Das Trassennetz wurde seit 1994 um ca. 8000 km gekürzt.
- Rund 2000 Bahnhöfe wurden umfunktioniert (verkauft usw.).

So demonstrieren sich die »Erfolge« der Privatisierung, wahrhaftig eine traurige Bilanz! Jetzt ist deshalb die Wiederverstaatlichung auf dem Wege.

Es ist nur verwunderlich, dass diese Probleme/Erkenntnisse in der jetzigen öffentlichen Diskussion kaum eine Rolle spielen. Ein Tabu ist wohl günstiger für die Privatisierer. Und von anderen zu lernen ist offensichtlich noch keine Globalisierungsgewohnheit geworden. Und die Bürger/-innen im Lande werden auch nicht gefragt.

Oktober '07

Schulpolitik

Die Schulpolitik der Bundesrepublik Deutschland ist kein Ruhmesblatt. Eigene Vorstellungen zu Veränderungen könnten durch die Verwertung von Erkenntnissen, Erfahrungen und Erfolgen anderer Länder vervollkommnet werden.

Offenkundig gibt es schon bei der frühkindlichen Erziehung und Bildung Probleme und Versäumnisse. Die Heranführung der Kinder an ihren regulären Schulbesuch liegt noch im Argen, obwohl gerade diese Jahre nach den heutigen Erkenntnissen besonders wichtig, grundlegend und der Entwicklung förderlich sind.

Betrachten wir weiter unser Schulsystem.

Im Februar 2006 fand eine Untersuchung der Schulverhältnisse durch den UN-Experten und UN-Inspektor Vemor Munoz statt. Er berichtete darüber vor der vierten Vollversammlung des UN-Menschenrechtrates. Fehlende Chancengleichheit für arme Kinder charakterisierte er dabei als Versäumnisse bei der Umsetzung des »Menschenrechts auf Bildung«. Gegenstand der Kritik war vor allem das gegliederte Schulsystem, das die Abhängigkeit des Bildungswegs der Kinder von ihrer sozialen Herkunft bestimmend beeinflusst.

Speziell der frühe Wechsel nach 4-jähriger Grundschulzeit bewirkt, dass Fähigkeiten nicht genügend ausgeprägt werden, wie es nach längerer gemeinsamer Unterrichtung möglich wäre. Deutschland teilt diese ungünstige Schulwechselregelung nur noch mit Österreich. In dem Bericht von V. Munoz sind auch Erkenntnisse aus den PISA-Leistungstests verwertet worden. In einer Studie des Münchner ifo-Instituts vom März 2007 wurden die Wertungen des Munoz-Berichts erneut bestätigt. Zur Charakterisierung der Chancengleichheit wurde eingeschätzt, dass ein Akademikerkind eine 5- bis 7-mal so hohe Chance auf eine gymnasiale Ausbildung hat wie ein Kind aus einer Facharbeiterfamilie. – Die Auswirkungen der auch von Munoz kritisierten Auslesemechanismen zeigen sich nach der 18. »Sozialerhebung des deutschen Studentenwerkes«

darin, dass von den Arbeiterkindern nur 17 % ein Studium aufnehmen konnten, von den Angestelltenkindern waren es dagegen 40 %, von den Akademikerkindern sogar 83 %.

Offensichtlich sind Veränderungen im Schulsystem notwendig.

Letzten Endes aber ist darüber hinaus Chancengleichheit nur zu erreichen, wenn der Besuch aller Bildungsstufen kostenlos für die Kinder, Schüler/-innen und Studierenden wahrgenommen werden kann. Bleibt die Frage: Von wem kann Deutschland etwas auf dem Gebiet der Bildungspolitik lernen? – Ansatzpunkte sind die Ergebnisse der PISA-Leistungstests – Finnland war PISA-Sieger 2003. Interessant sind weitere Länder in Spitzenpositionen. Weitere Untersuchungsmöglichkeiten könnten sich aus der 2007 vorgelegten OECD-Studie ergeben. Danach haben bei den 25- bis 34-Jährigen in Deutschland nur 22 % einen Hochschulabschluss erworben, während diese Quote in Kanada, Japan und Korea bei über 30 %, in Norwegen, Irland und Belgien bei über 40 % liegt. – Genügend Möglichkeiten, um sich über die Ursachen dieser Ergebnisse ein Bild zu verschaffen und Konsequenzen daraus abzuleiten. Dazu bedarf es wahrscheinlich einer etwas größeren Aufgeschlossenheit und einer selbstkritischeren Haltung. Andererseits ist auch klar, dass Erfahrungen ausländischer Schulsysteme kein Allheilmittel sind und auch einer kritischen Betrachtung unterliegen sollten.

Oktober '07

Mindestlohn

Mindestlohn ist Ausdruck des neoliberalen Zeitgeistes. Notgedrungen ergab sich Mindestlohn als Reaktion auf prekäre Lohnverhältnisse, Dumpinglohn, Niedriglohn und derlei Lohnformen. In Deutschland gibt es derzeit mehr als 5 Mio. Lohnabhängige mit Arbeitseinkommen in der Nähe der Armutsgrenze. Während es in 20 von 27 EU-Ländern bereits einen gesetzlich fixierten Mindestlohn gibt, tun sich die Politiker der BRD schwer, eine angemessene derartige Lösung zu finden.

– Was ist eigentlich Mindestlohn?

Eine eindeutige Begriffsbestimmung ist nicht erkennbar. Versuchen wir es so: Mindestlohn ist eine Schranke, eine Untergrenze von Lohneinkommen, besser ein Armutsgrenzwert, eigentlich kein Lohn oder Lohn nur im extremen Ausnahmefall. Mindestlohn soll die Lohnabhängigen vor dem Abdriften in die Armut bewahren.

Mindestlohn ist somit nur eine Notlösung mit Sperr- oder Hindernisfunktion, d. h. in erster Linie eine fiktive Größe und kein Lohnzahlungsmodus. Die Armutsgrenze ist unabhängig von der Branchenzugehörigkeit der Beschäftigten; deshalb kann Mindestlohn nur ein gleicher Wert für alle Lohnabhängigen sein. Die Diskussion um den Mindestlohn lenkt ab von dem Hauptproblem der Lohnpolitik, nämlich dass das Ziel der Lohnpolitik in einem Sozialstaat ein Lohn sein sollte, der ein menschenwürdiges Dasein gewährleistet, Teilhabe am gesellschaftlich-kulturellen Leben und Mitwirkung an der demokratischen Gestaltung des Gemeinwesens ermöglicht. –

Der Mindestlohn – Armutsgrenzwert kann das nicht. Trotzdem ist zunächst die gesetzliche Regelung des Mindestlohns für Deutschland als Etappenziel wichtig und notwendig.

Was für Erfahrungen haben andere Länder bisher mit dem Mindestlohn gemacht? Folgende Erkenntnisse lassen sich verallgemeinern:

Gesetzlich nationale Mindestlöhne gibt es seit 1968 (!) in den Niederlanden, seit 1975 in Belgien, 1944 in Luxemburg, 1950 in Frankreich,

1999 in Großbritannien usw., usw. Negative Beschäftigungseffekte sind generell nicht zu verzeichnen. Die Unkenrufe der deutschen Politiker diesbezüglich sind gegenstandslos. Einzig in Frankreich sind die Auswirkungen umstritten. In GB hat die Beschäftigung sogar zugenommen. Die Mindestlohnwerte (z. B. Frankreich 8,44 €/h, Luxemburg 9,08 €/h, Belgien und NL 8,88 €/h usw.) werden fortlaufend an die wirtschaftliche Entwicklung angepasst. Mindestlohnwerte werden nur in geringem Maße zur Lohnzahlung herangezogen. In GB, NL und anderen liegt dieser Satz bei ca. 2 %. Frankreich fällt hier mit 15,6 % aus dem Rahmen. Immerhin sehr beachtliche Resultate. Ein Plädoyer für den Mindestlohn (den Armutsgrenzwert).

Fazit: Insgesamt sind in den für uns relativ gut vergleichbaren Ländern nur positive Auswirkungen zu registrieren. Was also hindert die deutschen Politiker daran, endlich auch den gesetzlichen Mindestlohn für alle einzuführen?

November '07

Direkte Demokratie

Sogar von solchen kann die Bundesrepublik Deutschland noch lernen, die schon lange tot sind. So von Napoleon III. Kaiser von Frankreich (1852–1870) Fareed Zakaria: Das Ende der Freiheit; S. 61, ein umstrittener Herrscher, der aber z. B. damals ca. 150 Jahre vor unserer Zeit mittels Referenden/Volksabstimmungen die Zustimmung des französischen Volkes zu Regierungsvorhaben einholte, eine Methode der direkten Demokratie, zu der es die BRD bis heute nicht gebracht hat. Und diese Tatsache ist umso bedauerlicher, da sich hin und wieder politische Fragestellungen ergeben, bei denen die Position des Volkes der der Regierenden diametral entgegen steht.

So z. B. in der Frage der Bahnprivatisierung, die von der Bevölkerung mehrheitlich abgelehnt von der Regierung jedoch vorgesehen ist. Oder nehmen wir das Beispiel des »umetikettierten« EU-Grundlagenvertrages (des ehemaligen Verfassungsvertragsentwurfs). Dieser Vertrag, darin sind sich die Regierenden der EU-Staaten ziemlich einig, wollen die Ratifizierung dieses Vertragswerkes an den Menschen vorbei d. h. ohne Referendum verabschieden. 3000 Seiten Papier sollen beschrieben worden sein; aber für den normalen Europäer wurde meines Wissens noch nicht einmal eine wenige Seiten (vielleicht bis 10) umfassende Information über das Vertragsvorhaben bzw. über die Veränderungen gegenüber dem ursprünglichen Entwurf – oder gab es gar keinen? – zustande gebracht. Wenigstens die Eckpunkte oder die Grundlinien wären doch als Minimum an Information angebracht gewesen. Der verkündete Slogan »mehr Demokratie« bezieht sich vermutlich lediglich auf den Umgang der Mitgliedstaaten und deren Regierungen untereinander und offensichtlich nicht auf das Verhältnis der Europa-Regierenden zu ihren Bürger/-innen. So ähnlich war etwa auch die Demokratie im alten Athen! Damals konnte aber die »Unterschicht« nicht wählen. Das kann sie heute, wenn sie will. Aber damit hapert es. Bei den Wahlen in Polen wurde neulich die Wahlbeteiligung von 54 % als »Riesenerfolg« in der

Presse verkauft. An den Landtagswahlen in Sachsen-Anhalt haben nur 36 % teilgenommen. So der Trend! Ein weiteres Demokratiedefizit im Zeitalter des Neoliberalismus. Können die Bürger/-innen so ihre Rolle als »Souverän« noch wahrnehmen? – Bleiben wir bei den Referenden/Volksabstimmungen als einer besonders wirksamen Verfahrensweise der direkten Demokratie. Außer Napoleon III. verfügen wir über eine Fülle von Beispielen aus der jüngeren Vergangenheit bis heute, die uns Möglichkeiten, von anderen zu lernen, bieten. Ein schon traditionsbehaftetes Musterland für Referenden ist die Schweiz. Aber auch aus sehr vielen weiteren europäischen Ländern lassen sich Entscheidungen durch Referenden benennen. In Italien gab es im Zeitraum von 1974 bis 2000 54 Volksabstimmungen. In GB ging es 1975 um die Frage des Verbleibs in der EWG (Europäische Wirtschaftsgemeinschaft). Volksabstimmungen über Atomprogramme fanden 1978 bzw. 1980 in Österreich und Schweden statt. In Norwegen verhinderten 1972 und 1994 zwei Volksabstimmungen den Beitritt zur EU. In der jüngeren Zeit nutzen auch immer mehr Schwellen- und Drittweltländer Referenden so z. B. Brasilien, Thailand, Bolivien und andere.

Weitere Beispiele finden sich in der Broschüre »Im Blickpunkt: direkte Demokratie«; Otmer Jung, Franz Ludwig Kremeyer – ULZOG; S. 36.

Wie leicht zu erkennen ist, sind Referenden/Volksabstimmungen in den Demokratien weit verbreitet. Deutschland nimmt mit seiner Abstinenz in dieser Frage einen Ausnahmeplatz ein. Und das, obwohl Umfragen bei der Bevölkerung ergeben haben, dass sich eine deutliche Mehrheit für eine entsprechende Änderung des Grundgesetzes ausgesprochen hat.

November '07

Kooperation mit Afrika

Thema: Afrika. Anlass zur Diskussion gibt die 3. Konferenz »Partnerschaft mit Afrika«, die Anfang November 2007 im Kloster Eberbach stattfand. Bei dem ersten Treffen dieser Art im November 2005 waren alle wichtigen Staatspräsidenten Afrikas vertreten. Jetzt, 2007, waren es nur noch fünf. Sollte die Ergiebigkeit dieser Konferenzen doch nicht lohnenswert sein und wird diese Partnerschaft doch nicht als nützlich empfunden?

Bereits bei dem G-8-Gipfel in Heiligendamm deutete sich an, dass die Afrikaner dahin tendieren, eigene selbstbestimmte Wege zu gehen. Inhaltlich ging es bei der Konferenz 2007 um »Herausforderungen des Wandels – Afrikanische und deutsche Antworten«, konkret um solche Probleme wie Migration (Wanderbewegungen der Schwarzen), Umwelt und natürlicher Lebensraum, alltägliche Gewalt und bewaffnete Konflikte usw., Themen, die sicher von Bedeutung sind, aber doch nur Randprobleme. Ob eventuelle Ergebnisse realisierbar sind, ist fraglich. Machtmittel dazu besitzt die Konferenz alleine jedenfalls nicht.

Immerhin hat Bundespräsident Köhler als Initiator dieser Konferenzen kritisch zu den Handelsbarrieren der Industrieländer und den schädlichen Auswirkungen der Agrarsubventionen Stellung genommen. Leider ist er aber dann auf halbem Wege stehen geblieben, denn die immer noch entscheidende Problematik ist die der Verschuldung. Schulden entstanden, weil Finanzspritzen des Nordens nach Erlangen der Unabhängigkeit für Projekte eingesetzt wurden, die keine Gewinne brachten: Infrastruktur, Bildung, Verwaltung usw. Jean Ziegler beschreibt das in seinem Buch »Das Imperium der Schande« S. 69 so: »Das wirksamste Mittel des Nordens zur Herrschaft über den Süden ist heute der Schuldendienst« (2005) und konkret: »Im Jahr 2003 belief sich die öffentliche Entwicklungshilfe der Industrieländer des Nordens für die 122 Länder der Dritten Welt auf 54 Mrd. Dollar. Im selben Jahr haben diese Länder den Banken des Nordens 436 Mrd. Dollar als Schuldendienst überwiesen.« 8-mal mehr Geld fließt von Süd nach Nord als umgekehrt. Das ist Ausplünderung des Südens und Behinderung der wirtschaftlichen Entwicklung in großem Stil. – Was ist das für eine »Partnerschaft«? Partnerschaft entpuppt sich hier als ein Besänftigungs- und Ablenkungsmanöver von den entscheidenden Problemen: Verschuldung, Subventionen zur Stützung der Dumpingexportpreise der Industriestaaten, die die wirtschaftliche Entwicklung der Dritte-Welt-Länder beeinträchtigen, niedrige Rohstoffpreise und Handelsbarrieren gegen den Export von Erzeugnissen der Dritte-Welt-Länder. Ist es daher nicht besser, den Begriff »Partnerschaft« zu vermeiden und einfach Gespräche oder »Forum für Verständigung« zu sagen?

Um die Lösung dieser Probleme geht es zuerst, wenn Gespräche auf Partnerschaftsbasis sinnvoll sein sollen. Partnerschaft bei derart ungleichen Bedingungen täuscht einen Zustand von Übereinstimmung vor, dient aber mehr dazu, die vorhandene Abhängigkeit aufrechtzuerhalten; eine neue Strategie. Auch die EU plant für 2008 ein »Wirtschaftspartnerschaftsabkommen (EPA)« mit dem Ziel der weiteren Liberalisierung der Märkte des Südens. – Partnerschaft sollte heißen: Zusammenarbeit »auf gleicher Augenhöhe«, Geben und Nehmen auf Gegenseitigkeit, vertrauensvolles Aufeinanderzugehen, Offenheit und keine einseitigen Tabus.

Zu Letzteren gehört auch die Entwicklungshilfe.

Die Industrieländer haben sich verpflichtet, 0,7 % ihres Bruttoinlandeinkommens jährlich dafür zur Verfügung zu stellen. Nur wenige sind dem bisher in vollem Umfang nachgekommen u. a. Dänemark und Schweden. Deutschland hat sich bisher mit 0,36 %, davon 0,2 – 0,3 % für Afrika, beteiligt und will demnächst 0,51 % bereitstellen.

Die BRD hat also noch erheblichen Nachholbedarf und kann sich an den genannten Ländern ein Beispiel nehmen.

Januar '08

Tempolimit

Thema: Tempolimit. Gut, wenn das Thema auf dem Parteitag einer großen Partei diskutiert wird; trotzdem eine Nachtrabsdiskussion gegenüber dem Realisierungsstand in Europa und von der Sache her als Reaktion auf den Klimawandel eine Angelegenheit der Menschheit als Ganzes. – Klimawandel als Effekt des Treibhausgasausstoßes ist menschengemacht. Die Folgeerscheinungen sind offensichtlich. Taifune, Tornados, Sturmfluten, Überschwemmungen und noch andere prekäre Naturereignisse nehmen immer extremere Formen an. Beschreibungen der Folgen des Klimawandels gibt es genug. An Ideen, wie diese Folgen zu bekämpfen sind, mangelt es nicht. Jetzt ist aber die Zeit des Handelns gekommen. Und das erfolgt noch recht zögerlich. Die Lage ist weltweit äußerst kritisch und es ist keine Minute zu verlieren, um gegenzusteuern. – Es gilt allen Erdenbewohnern bewusst zu machen, dass wir es mit einem globalen Problem zu tun haben, einem Sachverhalt, der räumlich und zeitlich von gewaltiger Dimension ist. Die Ernsthaftigkeit des Problems, die Gefährdung der Lebensgrundlagen aller Menschen, ist immer noch sehr unterschiedlich gedanklich erfasst und verbreitet. So auch die Handlungen, die zu ihrer Abwehr ergriffen werden. – Tempolimit Geschwindigkeitsbegrenzung auf Autobahnen – ist ein relativ geringer Einflussfaktor zur Minderung des Treibhausgasausstoßes. Aber jeder noch so kleine Beitrag dazu ist gefragt und nützlich. Da ist es müßig, dass sich die Politiker immer noch über das »Ob« oder »Nicht« streiten. Gegenargumente sind nicht stichhaltig z. B. »Freie Fahrt für freie Bürger!« Die Gewichtigkeit der Argumente Pro-Limit gegenüber denen für ein Kontra-Limit dürften doch wohl bei der globalen Bedeutung der Ersteren erheblich höher zu bewerten sein. Die BRD steht mit ihrem Diskussionsstand in Europa allein. Alle anderen Länder haben bereits seit längerem Tempolimite auf Autobahnen zwischen 90 km/h und 130 km/h eingeführt. – Politiker denken und handeln wahrscheinlich oft nach kurzzeitigen Maximen, Wahlperiode und

Wählergunst, Parteidisziplin und Fraktionszwang, Länderinteressen u. a. Dadurch wird das Denken in globaler Dimension vermutlich beeinträchtigt. Ein Feilschen um Einzelinteressen ist in dieser Sache nicht angebracht. Ein Verschieben von hilfreichen Aktivitäten auf morgen wäre unverantwortlich. Die Verantwortung der Politik reicht über das Heute bis weit in die Zukunft hinaus. Nachhaltigkeit und Generationengerechtigkeit sind gefordert. – Die Zivilgesellschaft sollte mit einer Stimme sprechen, Druck machen und sich für die Zukunftsinteressen noch stärker einsetzen.

Dezember '07

Attac – Standpunkte und Aktivitäten

Jubiläen von Attac

10 Jahre existiert Attac international, 5 Jahre in Wismar. Weit verbreitet ist noch das Unwissen über Attac, was ist es? Was will es? Usw. Diese Jahrestage sind Anlass zu versuchen, die Unkenntnis über Attac zu mindern. Attac ist keine Partei, Attac ist keine militante Organisation, was vielleicht ihr Name – (Attacke!) vermuten lassen könnte. Attac ist die heute in 50 Ländern bestehende globalisierungskritische Bewegung, die danach strebt, für die Bewohner dieser Erde ein Leben nach humanistischen, sozialen, demokratischen und ökologischen Grundsätzen, ein Leben in Frieden und menschenwürdigen Lebensbedingungen für alle zu gewährleisten. – Gegründet wurde Attac 1998 in Frankreich. Attac heißt: »Association pour la Taxe Tobin d'aide aux Citoyens« (Vereinigung für eine Besteuerung von Finanztransaktionen zum Nutzen der Bürger). Die Forderung nach der Besteuerung spekulativer internationaler Finanzgeschäfte war der ursprüngliche Beweggrund für die Gründung von Attac. Diese Aufgabenstellung wurde Zug um Zug ausgeweitet auf andere neoliberale globale Probleme. Aktionen gegen die Privatisierung gemeinwohldienender Unternehmen (Bahn, Post usw.), gegen ungerechte Handelsbedingungen international und andere Auswüchse des globalen Wirtschaftsgeschehens waren und sind Hauptfelder in der Arbeit von Attac. Aktive Mitgestaltung der Weltsozialforen und der Gegengipfel zu G8 haben Priorität im Programm von Attac. – »Attac lebt durch die Gruppen: Was sie tun wollen, das tun sie, das ist unsere große Stärke«, sagt ein Mitglied im Koordinierungskreis von Attac Deutschland. Hier gibt es kein Befehlssystem und keinen »demokratischen Zentralismus« und so hat sich die Wismarer Gruppe in den letzten 5 Jahren mit einer beachtlichen Zahl von Anliegen/ Projekten befasst, die sich in das große Spektrum von Attac einfügen. Etwa 60 Veranstaltungen und Aktivitäten wurden in Wismar organisiert oder mitgestartet. Mit ~ 20 Partnern wurde dazu kooperiert. Zu vielen Problemen, mit denen unsere Bürgerinnen und Bürger konfron-

tiert wurden, hat Attac Position bezogen und versucht, die Dinge ins rechte Licht zu rücken. So waren z. B. Gegenstand von Aktivitäten: die Ablehnung des Entwurfes der EU-Verfassung, die Unterstützung und Teilnahme an den G-8-Protesten und vieles noch. 2005 standen die Bestrebungen zur Verhinderung der Krankenhausprivatisierung im Mittelpunkt der Bemühungen. Briefe an die Fraktionen, Gespräche mit deren Vertretern, eine Flugblattaktion und Leserbriefe gehörten u. a. zum Repertoire von Attac Wismar. Die Beteiligung an den Sozialforen Westmecklenburg bot der Gruppe Gelegenheit, ihre Position zu bestimmten Problemen (z. B. zur Frage von Aktionsbündnissen) einzubringen. – Soweit ein Bild von Attac Wismar. Mitstreiter könnten noch immer gebraucht werden. Die »Attacis« treffen sich immer jeden 2. Dienstag im Altstadttreff ABC-Straße 6. Na, interessiert?

Oktober '08

Attac Wismar

Rückblick auf 2008 – Vorausschau 2009

Tradition ist der Versuch, am Jahresende die Situation im Lande und in der Welt zu beurteilen und zu bewerten. Für Deutschland 2008 keine dankbare Aufgabe. Katastrophale Geschehnisse und Notstand ringsum. Wenig Positives. – Aus der Sicht von Attac ergibt sich folgendes Bild: Beherrschendes Thema war und ist noch die Finanzkrise. Crash der Finanzblase und die angehende wirtschaftliche Rezession brachten eine Fülle von Problemen mit sich. Die Wirtschaftsweisen haben sich dabei als unsichere und hilflose Kantonisten erwiesen. Ökonomie als Wissenschaft hat versagt. Von Beherrschung ihrer Gesetzmäßigkeiten (?) kann keine Rede sein. Noch herrscht große Unsicherheit in der Beurteilung der weiteren Entwicklung. Weitere Fakten in Stichworten: Immer mehr Menschen können von ihrem Lohn allein nicht leben. Schon gibt es 1,35 Mio. Aufstocker. – Ökologie: Ohne sichtbare Fortschritte, eher Aufweichung der Zielstellungen. – 3 Mio. Arbeitslose kaum mehr präsent in der Diskussion. Abgeschrieben. – Kinderarmut (ca. 2 Mio.), Bildungsnotstand. – Politik reagiert darauf mit Sprüchen, Vertröstungen und Halbheiten. – Positiv zu benennen ist die Unterzeichnung der Konvention über die Ächtung des Einsatzes von Streubomben (Oslo, Dezember '08). insgesamt aber ein trauriges Szenario, kein Ruhmesblatt für die herrschende Politik. – Der EU-Entwicklungsprozess lässt noch viel Solidarität vermissen. Alleingänge und kaum gemeinsame Lösungen in Kernfragen (z. B. Finanzkrisenbewältigung). Wirtschafts- und Militärpolitik im Vertragsentwurf sind nach wie vor umstritten. – Piraterie auf See und in der Finanzwirtschaft haben sich zu globalen Problemen entwickelt. Das Nord-Süd-Problem und seine Lösung verharren in misslicher Stagnation. Katastrophale Zustände haben wir im Kongo, im Sudan, in Simbabwe ... Ein düsteres Bild. – Die Diskussion um die Systemkrise meldet sich zu Wort. Orakelt wird über einen neuen Kalten Krieg. – Soweit zu 2008. – Welche Vorstellungen und Forderungen von Attac stehen für 2009 und weiter an? – Zur Finanzkrise: International sollte gelten: »Wertpapiere ohne Wert« aus dem Verkehr ziehen. Nur solche Finanzprodukte dürfen im Umlauf sein, die realwirtschaftliche Bindung nachweisen können (Produktion, Dienstleistungen, Investitionen). – Internationale Solidarität entschieden stärker wirksam einbringen. Alle politischen und politökonomischen nationalen Probleme nur im Kontext unter Berücksichtigung internationaler Belange lösen (z. B. Subventionsproblematik). – Zivilgesellschaft massiver in die Gestaltung der politischen Prozesse einbeziehen (Attac und andere). Einmischung ist angesagt. Mitwirkung an der Suche nach Alternativen. – Mehr Offenheit, Transparenz und Wahrhaftigkeit in politischer Information und politischem Aktionismus. Keine Tabus! Erfahrungen anderer Länder mehr bzw. besser nutzen (z. B. Schweiz: Krankenversorgung). – Schluss mit Privatisierungen! – Wirtschaftsdemokratie installieren! – Armutsfeste Grundsicherung und gesetzlichen Mindestlohn einführen. – Soweit einige wichtige Anliegen.

Liebe Leserinnen und Leser! Helfen Sie mit, diese richtigen Ansätze Schritt für Schritt zu verwirklichen!

Dezember '08

Neujahrswünsche an die Politik

Manche oder auch viele Menschen machen sich Gedanken über die Politik im Lande. Der Jahreswechsel ist ein guter Anlass, dem Ausdruck zu verleihen, eventuelle Gemeinsamkeiten zu finden, Wünsche zu äußern und die weitere Diskussion darüber anzuregen. Vor allem die Zivilgesellschaft ist gefragt; Attac und andere, die mit der Politik nicht immer zufrieden sind und auch einen Beitrag zur Gestaltung und Entwicklung der Gesellschaft leisten wollen und können.

Ansatzpunkte dazu könnten sein:

- Eine bessere Information der Bürger über politische Vorhaben wäre angebracht. Der »Stadtanzeiger« kommt diesem Anliegen nach. Kann es nicht in ähnlicher Form Informationsblätter des Landes und der Republik geben? Es geht nicht um Gesetzblätter, sondern um Kurzfassungen für geplante politische Aktivitäten, verständliche Kommentare und Begründungen (Beispiel: der neue EU-Grundlagenvertrag: der Bevölkerung kaum nahegebracht).

- 2008 sollte ein neuer Vorstoß unternommen werden, um endlich eine Grundgesetzänderung zu erreichen, die den Volksentscheid auf Bundesebene ermöglicht. Mehrfach hat sich gezeigt, dass die Volksmeinung nicht mit politischen Lösungen übereinstimmt.

- Schluss gemacht sollte im neuen Jahr mit den immer noch herrschenden unterschiedlichen Festlegungen für Löhne, Gehälter, Renten und Sozialleistungen in Ost und West. Es gibt dafür keine erkennbaren stichhaltigen Begründungen. »Wir sind ein Volk« (?).

- Gegenüber anderen Ländern und Regionen in der Welt sollte mehr Zurückhaltung in Belehrung und Anmahnungen über Demokratie und Menschenrechte geübt werden, denn auch in Deutschland gibt es noch Probleme (z. B. 2,5 Mio. von Kinderarmut Betroffene). Auch andere Gründe legen ein solches Verhalten nahe.

– 2008 könnte Deutschland sich vielen anderen Ländern in Europa anschließen und den gesetzlichen Mindestlohn für alle Lohnabhängigen einführen.

– Global denken sollte für alle Politiker eine Devise sein, die bei allen Entscheidungen zu berücksichtigen wäre; seien es die Probleme des Klimawandels im Welthandel und sonst noch.

– Für die Gestaltung der politischen Prozesse selbst und im parlamentarischen Geschehen sollten folgende Gedanken mehr Beachtung finden: mehr fundierte Entscheidungen, gründlichere Vorarbeit (z. B. Hartz IV), weniger Populismus (Managergehälter), weniger Tabus, weniger Imagepflege, stärkere Beteiligung der Akteure aus der Zivilgesellschaft bei der Entscheidungsfindung von politischen Vorhaben und wenig vordergründige Parteipolitik und Wahltaktik. –

Ein ansprechendes und anspruchsvolles Programm für die Menschen im Lande; oder?

Dezember '07

Quo vadis Europa?

Wenn auch die Gedanken der Menschen jetzt naturgemäß von den Misshelligkeiten der Krise in Anspruch genommen werden, um sich da herauszulavieren, so soll doch auch ein anderes Problem nicht in Vergessenheit geraten: die Zukunft Europas. Die Finanz- und Wirtschaftskrise und ihre Folgen werden so oder so in vermutlich wenigen Jahren behoben sein. Die Fragen was für ein Europa und wie es beschaffen sein soll betreffen aber einen wesentlich längeren Zeitraum; diese Fragen sind immer noch offen, und das unabhängig von dem Ausgang der Querelen um die Zustimmung oder Ablehnung des jetzigen Lissabonner Projekts. Dieses Vorhaben und sein Vorgänger sind vom Zeitgeist des Neoliberalismus durchdrungen, denn sie entstanden in einer Zeit um die Jahrtausendwende, als der Neoliberalismus sich noch boomender finanzieller Erfolge mit unerkannten Begleiterscheinungen erfreute. Das jetzt vorliegende Ergebnis ist das Resultat vergewaltigter Demokratie. Die Menschen, Völker, wurden daran gehindert, ihre Stimme zur Geltung zu bringen. Das geschah, indem die Bürger/-innen erstens kaum informiert und aufgeklärt und zweitens nicht zu Referenden (Volksabstimmungen) zugelassen wurden. 2004 fanden immerhin 4 Referenden statt. Die Franzosen und die Niederländer lehnten den Vertragsentwurf mehrheitlich ab, obwohl deren Parlamentarier mit 98 bzw. 85 % dafür stimmten. Projiziert man diese Werte auf mögliche Referenden aller Teilnehmerländer, dann wird eine eindeutige Mehrheit für die Ablehnung deutlich. Die Regierenden wussten schon, warum sie Referenden verhinderten – unabhängig von all dem bleibt offen, wie ein anderes Europa aussehen soll oder kann, damit sich alle Menschen darin wohl fühlen können. – Attac hat sich dieser Problematik erneut angenommen und zunächst in einem »Büchlein« die Inhalte des Lissabonner Vertrages kritisch hinterfragt und vor allem Alternativen aufgezeigt, die ein Europa beschreiben, das sich friedlich, solidarisch, wahrhaft demokratisch und umweltfreundlich zeigt und sich gleichberechtigt und gleichgestellt in die Völkerfamilie einfügt. – Über konkrete Inhalte, befreit von dem neoliberalen Geist, will Attac die Bürger/-innen noch weiter informieren, denn es gibt noch einen unermesslichen Nachholbedarf an Information. Ein anderes Europa ist möglich!

April '09

Alternativen zu Lissabon

Die Diskussion bzw. Auseinandersetzung mit den Inhalten des EU-Vertrages (Lissabonner Modell) ist eine Daueraufgabe der Gesellschaft, die auch noch von Bestand bleibt, wenn der Vertrag von allen 27 Ländern akzeptiert sein sollte. – Attac beabsichtigt, sich an dieser Aufgabe zu beteiligen. Wie bereits vorab angekündigt, soll nunmehr ein Überblick zu einigen Kernfragen und deren unterschiedlicher Sicht vorgestellt werden. –

– Der Lissabonner Vertrag plädiert für »offene Märkte« und »unverfälschten Wettbewerb« und fordert freien Kapital-, Waren- und Dienstleistungsverkehr. Gerade hat die globale Finanz- und Wirtschaftskrise gezeigt, wohin diese neoliberale Politik führt. An deren Stelle verlangt die Konzeption von Attac ein Europa der Solidarität und sozialen Sicherheit, d. h. ohne Armut, ohne Lohndumping, ohne Privatisierung der Allgemeinheit verpflichteter Einrichtungen, kürzere Arbeitszeiten usw.

– Auf den Gebieten der Militärpolitik werden die die Mitgliedsländer verpflichtet, ihre militärischen Fähigkeiten zu verbessern. Eine »Verteidigungsagentur« soll der Koordinierung der Rüstung dienen. Die Sicherung »vitaler Interessen« in der Welt wird als Zielstellung propagiert. Attac tritt für ein friedliches Europa, für Abrüstung und für ein Verbot von Rüstungsexporten ein.

– Geschlechtergerechtigkeit ist im Lissabonner Vertrag unterbelichtet. In Europa sind zurzeit die Löhne von Frauen um 18 bis 20 % niedriger als die der Männer. 70 % der Jobs im Niedriglohnsektor werden von Frauen verrichtet. Attac fordert Geschlechtergerechtigkeit in jeder Hinsicht, d. h. im Beruf, in allen Vertretungskörperschaften usw.

– Die EU-Bevölkerung hat an der Weltbevölkerung einen Anteil von 8 %, aber einen Ressourcenverbrauch von 20 %. Der Lissabonner Vertrag wirkt dem nur zögerlich entgegen. Attac hat die Vorstellung, dass dieser Zustand einer radikalen Änderung bedarf. Das Produktions- und Konsumgeschehen hat eine neue materielle Basis nötig, eine, die den o. g. Dissens überwindet und das Prinzip der Nachhaltigkeit tatsächlich realisiert.

– Für die Gestaltung der internationalen Beziehungen in der Welt hat der Lissabonner Vertrag keine neuartigen Festlegungen getroffen. Attac hält es für erforderlich, dass die Mitwirkung aller Länder in den Weltgremien (G8, TWF, WTO usw.) gesichert wird und dass die Hemmnisse für die Entwicklung der Dritten Welt abgebaut werden (z. B. Subventionen und andere protektionistische Bestimmungen, Schuldenerlass usw.).

– Ein demokratisches Europa ist nach dem Lissabonner Vertrag noch unvollkommen. Attac ist für korrekte Gewaltenteilung (Exekutive, Legislative, Judikative), für viel mehr direkte Demokratie (u. a. Referenden und dergleichen). –

Mit dieser Gegenüberstellung der Positionen des Lissabonner Vertrages mit denen von Attac können sich die Bürger/-innen wenigstens ein grobes Bild über die anstehenden Probleme machen. Damit sind sie in der Lage, sich an der weiteren Diskussion zu beteiligen, sich für die menschenfreundliche Variante zu entscheiden und dafür einzutreten.

Davos und Belem

Schauen wir einmal über den Tellerrand hinaus. Wir leben im Prozess der Globalisierung. Alle sind davon betroffen. Eine Zivilisationskrise beherrscht und bewegt uns. Nicht nur die ökonomischen und finanziellen Verwerfungen machen allen in der Welt zu schaffen, sondern auch andere Probleme sind akut. Ökologische (Umwelt, Klima), Nord-Süd-Konflikt (Unterentwicklung in der Dritten Welt), Auseinandersetzungen mittels militärischer Gewalt, Bevölkerungswachstum und anderes bereiten Kopfzerbrechen. Alle Probleme haben ihre Ursachen in ihrer Bindung an das kapitalistische Gesellschaftssystem. Aber Wandlungen bahnen sich an. – Zwei Strömungen sind charakteristisch für die Zukunft. Sie wurden der Öffentlichkeit in den Zusammenkünften in Davos (Schweiz) und Belem (Brasilien) nahegebracht. Davos (das Weltwirtschaftsforum), die »Hauptversammlung der neoliberalen Internationale«, vertritt das Konservative, das weitgehend noch Herrschende und Mächtige, demonstriert Beharrungsvermögen und Ausweglosigkeit, orientiert auf Systemreparatur mit »neuem Unternehmertum«. Stagnation und Restauration bestimmen die Situation. – Belem (das Weltsozialforum), ein Aufbruch zu Neuem unter dem Motto »Eine andere Welt ist möglich«, ist gekennzeichnet durch Hoffnung und Engagement. – Konkret: In Davos geht es seit jeher um die »bessere« Ausschöpfung der Weltressourcen und um höhere Profite. In diesem Jahr standen Finanz- und Wirtschaftskrise im Mittelpunkt. »Fehler« wurden eingestanden. Das wars aber auch schon. Die Erkenntnis, dass das System nicht mehr reparabel sein könnte, kam nicht auf. Ein neuer Ansatz wird gesucht. Staat im Wirtschaftsgeschehen ist weiter unerwünscht. Ökologische Aspekte nur am Rande. – Belem dagegen: Themen waren u. a.: die Unterstützung der Landlosenbewegung, der Widerstand gegen die Abholzung des Regenwaldes und dessen negative Folgen (Klimawandel, Vertreibung der indigenen Bevölkerung), Protest gegen Bau von Mega-Staudämmen und die Anprangerung sklavenähnlicher Arbeitsverhältnisse. – Fünf Präsidenten südamerikanischer

Staaten nahmen an dem Forum teil und brachten ihre Sympathie für die Anliegen des Forums zum Ausdruck. Sie konnten auf erste Ergebnisse in der Entwicklung ihrer Länder verweisen wie z. B. zur Förderung direkter Demokratie, zur Sicherung der Bodenschätze für das Allgemeinwohl, Bestrebungen zu sozialer Gerechtigkeit und neue Ansätze sozialistischer Politik. – Für uns in Deutschland und Europa dürfte es von Nutzen sein, sich kritisch mit den Ergebnissen von Davos auseinanderzusetzen. Besonders aber gilt es, die Festlegungen des Weltsozialforums zu verfolgen, um daraus Anregungen für das eigene politische Handeln abzuleiten. Das betrifft auch solche Sachverhalte wie die Unterstützung des Kampfes gegen die Vernichtung des Amazonas-Regenwaldes, das Aufgreifen der Art und Weise, wie im Forum die Probleme offen/transparent und ohne Tabus zur Sprache kamen, Prüfung der Möglichkeiten zur Nutzung der nationalen Bodenschätze für die Allgemeinheit und das Auftreten gegen unsoziale Arbeitsverhältnisse. Damit beginnt die Orientierung auf das Neue!

März '09

Der Autor

Heinz Gliemann wurde am 11. Februar 1921 in Mittweida/Sa. geboren. Nach dem Abitur 1939 waren die nächsten »Stationen« seines Lebens: Arbeitsdienst, Kriegsteilnahme im Osten und Gefangenschaft. Danach wurde er Bürger von Wismar. Baupraxis und Studium des Bauingenieurwesens an der TU Dresden waren die Grundlage für die berufliche Entwicklung und Tätigkeiten im Berufsschul-, Fachschul- und Hochschulwesen. Nahezu 20 Jahre war er bis zur Rente an der Hochschule in Wismar als Forschungsdirektor tätig, immer galt sein besonderes Interesse der politischen Entwicklung und der Literatur. Seine diesbezüglichen Erkenntnisse veranlassten ihn zur Mitwirkung an Attac-Aktivitäten. Daraus resümierten kritische Beiträge, insbesondere zu den neoliberalen gesellschaftlichen und ökonomischen Prozessen, wie sie in der vorliegenden Publikation ihren Niederschlag gefunden haben.